# LIBRI I PLOTË I GATIMIT JUGOR

## 100 RECETA TË PËRGJITHSHME, të PASURA DHE SHPIRTËRORE

Skender Bici

**Të gjitha të drejtat e rezervuara.**
**Mohim përgjegjësie**
Informacioni i përmbajtur në këtë ebook synon të shërbejnë si një koleksion gjithëpërfshirës i strategjive që
autori i këtij libri elektronik ka bërë kërkime rreth
Përmbledhjet, strategjitë, këshillat dhe truket janë vetëm
rekomandimi nga autori dhe leximi i këtij libri elektronik nuk do të garantojë që rezultatet e dikujt do të pasqyrojnë saktësisht rezultatet e autorit. Autori i librit elektronik ka bërë të gjitha përpjekjet e arsyeshme për të ofruar aktual dhe të saktë
informacion për lexuesit e librit elektronik. Autori dhe bashkëpunëtorët e tij nuk do të mbahen përgjegjës për asgjë
gabim i paqëllimshëm ose lëshime që mund të konstatohen. Materiali në eBook mund të përfshijë informacione nga palë të treta
partive. Materialet e palëve të treta përfshijnë opinione të shprehura nga pronarët e tyre. Si i tillë, autori i eBook nuk merr përsipër përgjegjësi ose përgjegjësi për
çdo material ose opinion i palës së tretë. Qoftë për shkak se
e progresit të internetit, apo të paparashikuara ndryshime në politikën dhe editorialin e kompanisë
udhëzimet e dorëzimit, ajo që deklarohet si fakt në kohën e këtij shkrimi mund të bëhet e vjetëruar ose e pazbatueshme

më vonë.

Libri elektronik është me të drejtë autori © 2023 me të gjitha të drejtat e rezervuara.

Është e paligjshme rishpërndarja, kopjimi ose krijimi i një derivati

punë nga ky eBook tërësisht ose pjesërisht. Asnjë pjesë e kësaj

raporti mund të riprodhohet ose ritransmetohet në ndonjë

riprodhohet ose ritransmetohet në çfarëdo forme

pa lejen me shkrim të shprehur dhe të nënshkruar nga autori.

# TABELA E PËRMBAJTJES

TABELA E PËRMBAJTJES.................................................................4
PREZANTIMI.........................................................................................9
MËNGJESI............................................................................................10
1. Vezë për mëngjes............................................................................11
2. Kiche Lorraine.................................................................................13
3. Dolli me karkaleca..........................................................................15
MEZHET DHE SNACKS...................................................................17
4. Braciole (Rrotulla viçi)..................................................................18
5. Topat e rakisë..................................................................................20
6. Bare me djathë................................................................................22
7. Dip viçi i grirë.................................................................................24
8. Sheshe pijesh me çokollatë..........................................................26
9. Shkopinj misri.................................................................................28
10. Dumplings.....................................................................................30
11. Topa lajthie....................................................................................32
12. Meze viçi orientale.......................................................................34
13. Panocha..........................................................................................36
14. Sheshe dardhe...............................................................................38
15. Topa kokoshkash..........................................................................40
16. Topa bourbone të arrës...............................................................42
17. Patties kungull i njomë................................................................44
KURS KRYESOR................................................................................46
18. Fasule.............................................................................................47
19. Patëllxhan dhe oriz Provencale.................................................49

20. Parmixhan patëllxhan...........................................................52
21. Biftek krahu..........................................................................54
22. Viçi dhe speca italiane........................................................56
23. Linguine me salce djathi....................................................58
24. Manicotti...............................................................................60
25. Tavë me qepë.......................................................................62
26. Mish derri oriental..............................................................64
27. Hamburgerë të stilit kuban Picadillo...............................66
28. Biftek i mprehtë...................................................................68
29. Karkaleca Sherry.................................................................70
30. Kungull me spageti te hedhur me persillade patellxhan
.......................................................................................................72
31. Biftek spanjoll......................................................................75
32. Tavë kungull.........................................................................77
33. Kungull Acorn mbushur....................................................79
34. Kungull i njomë i mbushur...............................................81
35. Tavë me patate të ëmbël....................................................84
36. Biftek zviceran.....................................................................86
37. Viçi Picca ta..........................................................................88
38. Tavë dreri..............................................................................90
39. Dreri i drerit.........................................................................92
40. Salsiçe dreri..........................................................................94
41. Kungull dimëror..................................................................96
42. Pule e skuqur.......................................................................98
43. Karkaleca dhe Grit............................................................100
44. Pulë e skuqur e stilit jugor..............................................103
45. Biftek i skuqur me pulë...................................................106

**SUPAT DHE MERRAT** .................................................. 109
46. Zierje kineze .................................................... 110
47. Supe franceze me qepe ...................................... 112
48. Supë elbit të viçit të gjyshes ............................. 114
49. Ox t ail Supë ................................................... 116
Pjata ANËSORE ...................................................... 118
50. Shirita patate të pjekura ................................... 119
51. Lulelakër me brymë me djathë ......................... 121
52. Patate gustator ................................................ 123
53. Kugel me patate ............................................... 125
54. Patate rroje .................................................... 127
55. Zarzavate kollare ............................................ 129
ËSHTIRËS ............................................................. 131
56. Sandwiches All Star Ice Cream .......................... 132
57. Byrek me krem molle ....................................... 134
58. Petë mollësh me salcë ..................................... 137
59. Puff limoni molle ............................................. 140
60. Mollë Raspberry Crisp ...................................... 143
61. Gjysmëhënës me arrë molle .............................. 146
62. Keku i shkrifët me kokrra me kajsi ..................... 149
63. Fudge gjalpë kikiriku ....................................... 151
64. Cheesecake e famshme Butterscotch ................ 154
65. Biskota me arrat austriake ............................... 157
66. Tortë me salcë molle me banane ....................... 160
67. Tortë me patate të skuqura me banane ............. 164
68. Tortë me rrokullisje me banane ........................ 167

69. Rum banane për dy..................................................170
70. Tortë me banane të ndarë.......................................172
71. Berry Blue Pops......................................................174
72. Sherbeti i qershisë së zezë.....................................177
73. Ëmbëlsira pandispanje me majë Blackberry...............180
PIJE............................................................................182
74. Moonshine me byrek me mollë................................183
75. Veza e lindjes së diellit...........................................185
76. Fruta Cor dial.........................................................187
77. Verë rrushi.............................................................189
78. Kahlua...................................................................191
79. Kahlua me kafe Yuban............................................193
80. Kahlua me ekstrakt vanilje.....................................195
turshi, konservon dhe shijon........................................197
81. Turshi 48 ore.........................................................198
82. Trangujve Bukë Dhe Gjalpë....................................200
83. Turshi buke dhe gjalpi............................................202
84. Turshi lulelakrash..................................................204
85. Turshi të lehta të koprës........................................206
86. Konserva e rrushit..................................................208
87. Turshi akulli...........................................................210
88. Piper Relish...........................................................212
89. Panxhar turshi.......................................................214
90. Konserva e ravenit.................................................216
91. Rhubarb Relish......................................................218
92. Turshi të ëmbla......................................................220
93. Mijë turshi ishulli...................................................222

94. Pure domatesh..................................................224
95. shëllirë..........................................................226
Salca, MBUSHJE & MBUSHJE.............................228
96. Salcë djegës...................................................229
97. Mbushje me krem francez...............................231
98. Krem pana me brymë.....................................233
99. Gjalpë me gëzof krem....................................235
100. Mbushje......................................................237
PËRFUNDIM....................................................239

## PREZANTIMI

Gatimi jugor është një stil i kuzhinës që e ka origjinën në Shtetet e Bashkuara Jugore. Karakterizohet nga përdorimi i përbërësve të tillë si misri, fasulet, bamjet, patatet e ëmbla dhe zarzavatet, si dhe mishi si derri, pula dhe viçi. Gatimi jugor përfshin gjithashtu përdorimin e erëzave dhe barishteve, të tilla si qimnon, trumzë dhe sherebelë, për t'i dhënë shije pjatave.

Një nga veçoritë përcaktuese të gatimit jugor është theksi i tij tek ushqimi komod. Pjatat si pula e skuqur, biskotat dhe lëngu mishi, si dhe makaronat dhe djathi janë pikat kryesore të tryezës jugore dhe shpesh shijohen si pjesë e tubimeve të mëdha familjare.

Gatimi në jug ka gjithashtu një histori të gjatë të skarës, e cila përfshin gatimin e ngadaltë të mishit mbi një zjarr druri për orë të tëra për të arritur një aromë të tymosur dhe të butë. Barbecue është një traditë e njohur jugore që ndryshon sipas rajonit, me stile duke përfshirë stilin Memphis, stilin Kansas City dhe stilin Teksas.

Në përgjithësi, gatimi jugor është një festë e shijeve dhe traditave rajonale, të transmetuara nëpër breza familjesh dhe komunitetesh. Është një kuzhinë që vazhdon të evoluojë, duke mbetur e rrënjosur thellë në historinë dhe kulturën e saj.

# MËNGJESI

# 1. Vezë për mëngjes

Bën: 5 porcione

## PËRBËRËSIT:
- 4 vezë të rrahura mirë
- $\frac{1}{8}$ lugë çaji kripë
- 1-litër qumësht
- $\frac{1}{4}$ filxhan sheqer
- 1 lugë çaji vanilje
- Arrëmyshk

## UDHËZIME:
a) Kombinoni të gjithë përbërësit, përveç arrëmyshkut.
b) Përziejini mirë.
c) Ftoheni nëse dëshironi
d) Spërkateni me arrëmyshk.

## 2. Kiche Lorraine

## PËRBËRËSIT:
- 1½ filxhan (6 ons) djathë zviceran i grirë
- 8 feta proshutë ose proshutë, të gatuara dhe të thërrmuara
- 3 vezë
- 1 filxhan krem të rëndë
- ½ filxhan qumësht
- ¼ lugë çaji piper
- 1 kore byreku të ngrirë paraprakisht

## UDHËZIME:
a) Spërkatni djathin dhe proshutën/proshutën në koren e byrekut të veshur me pastë.
b) Përbërësit e mbetur i rrahim së bashku dhe i hedhim sipër djathin dhe proshutën.
c) E pjekim ne 375 grade per 45 minuta.

# 3. Dolli me karkaleca

Bën: 4

## PËRBËRËSIT:
- 6 kifle angleze, të thekur dhe të ndarë
- 4½ ons karkaleca të konservuara, të kulluara
- 2½ lugë majonezë
- Hudhra pluhur për shije
- 1 shkop margarinë
- 1 kavanoz djathë KRAFT "e vjetër angleze".

## UDHËZIME:
a) Përziejini mbi nxehtësi dhe shpërndani në gjysmat e kifleve.
b) Ziejini derisa të marrin ngjyrë të artë dhe priteni në 4.
c) Ju mund ta bëni këtë përpara dhe ta ngrini.

# MEZHET DHE SNACKS

## 4. Braciole (Rrotulla viçi)

## PËRBËRËSIT:
- 1½ mish viçi, i prerë në feta të holla
- 2 qepë mesatare
- Pikim 1 ons
- 1 ons miell
- ½ paund proshutë
- Piper
- 1 lugë çaji ujë
- 1 lugë gjelle Worcestershire
- 1 gjethe dafine

## UDHËZIME:
a) Spërkateni mishin me piper.
b) Vendosni një rrip proshutë mbi mish, rrotulloni dhe lidhni.
c) I pudrosni rolet me miell dhe i skuqni në mënyrë të barabartë.
d) Nxirreni mishin nga tigani dhe shtoni qepët e prera në feta.
e) Skuqini derisa të marrin një ngjyrë kafe të lehtë.
f) Shtoni miellin e mbetur dhe karotat.
g) Kthejeni mishin.
h) Shtoni gjethen e dafinës dhe Worcestershire
i) Hidhni mbi ujë dhe lëreni të vlojë.
j) Vendoseni një kapak dhe ziejini për 1 orë e gjysmë ose derisa mishi të jetë gati
   është e butë.

## 5. Topat e rakisë

## PËRBËRËSIT:

- 13 ½ ons pako grimcash graham
- 1 filxhan 4x sheqer
- ¼ filxhan kakao
- 8 ons arra të copëtuara
- ¼ filxhan shurup misri ose sheqer kafe të lëngët
- ⅓ filxhan liker portokalli
- ⅓ filxhan raki

## UDHËZIME:

a) Përziejini me dorë, më pas prisni copat për të formuar toptha të vegjël.
b) Vendoseni në një enë dhe ftohuni gjatë natës.

## 6. Bare me djathë

## PËRBËRËSIT:
### KORJA
- 1¼ filxhan krisur me thërrime graham
- ¼ filxhan sheqer

### MBUSHJE
- 2 gota krem djathi
- 4 lugë qumësht
- 1 filxhan sheqer
- 2 vezë
- 2 lugë gjelle lëng limoni
- 1 lugë çaji vanilje

## UDHËZIME:
### KORJA
a) Përziejini dhe shtypni fort në fund të një tigani 13 x 9.
b) Rezervoni disa për sipër.
c) Piqni për 8 minuta në 350 gradë F.

### MBUSHJE
d) Përziejini përbërësit dhe vendosini sipër kores së pjekur.
e) Spërkatni thërrimet e mbetura sipër.
f) Piqeni për 20 minuta në 350 gradë F.
g) Ftoheni dhe ngrini mirë.

## 7. Dip viçi i grirë

**PËRBËRËSIT:**
- 1 pjesë salcë kosi
- 1 pjesë majonezë
- 1 kavanoz viçi i tharë
- Fara e koprës
- Qepë e grirë

**UDHËZIME:**
a) Kombinoni salcën e thartë, majonezën, mishin e thatë të viçit, farën e koprës dhe qepën e grirë.
b) Pritini një copë bukë italiane ose bukë thekre dhe shërbejeni me dip.

## 8. Sheshe pijesh me çokollatë

Bën: 30 katrorë

## PËRBËRËSIT:
- 1 filxhan bajame të zbardhura
- 2 vezë
- ¼ filxhan sheqer
- ⅓ filxhan kakao pa sheqer
- ½ filxhan miell
- Një majë kripë
- 3 lugë rum ose amaretto
- 2-3 lugë sheqer pluhur

## UDHËZIME:
a) Thërrmoni arrat në një pluhur. Rrihni vezët derisa të zbehen.
b) Shtoni sheqerin dhe rrihni derisa të trashet.
c) Shtoni bajamet e bluara dhe likerin dhe përziejini mirë.
d) Ngroheni furrën në 350 gradë.
e) Lyejeni me gjalpë një tavë 7 me 11 me rreth 1 lugë gjalpë dhe lyeni masën e biskotave.
f) Piqeni për 20-25 minuta. Lëreni të ftohet për rreth 10 minuta dhe më pas spërkatni me sheqer pluhur.
g) Pritini në rreth 30 katrorë.

## 9. Shkopinj misri

## PËRBËRËSIT:
- 1¼ gote miell
- ¾ filxhan qumësht misri të verdhë
- ¼ filxhan sheqer
- 3 lugë çaji pluhur pjekjeje
- 1 lugë çaji kripë
- 1 filxhan qumësht
- 1 vezë
- 3 lugë gjalpë

## UDHËZIME:
a) Ngroheni furrën në 425 gradë. Lyejmë një tavë me shkop misri.
b) Shoshini së bashku përbërësit e thatë. Hidhni qumështin, vezët dhe gjalpin e shkrirë dhe rrihni derisa të jenë të lëmuara.
c) Ngroheni tiganin për 2 minuta. Mbushni tiganët.

## 10. Dumplings

## PËRBËRËSIT:

- 2 gota miell
- 2½ lugë çaji pluhur pjekjeje
- ¾ lugë çaji kripë
- 1⅓ filxhan qumësht

## UDHËZIME:

a) Shosh miellin, pluhurin për pjekje dhe kripën në një tas.
b) Hidhni në qumësht dhe përzieni me një pirun derisa përbërësit e thatë të jenë lagur.
c) Hidhini petat duke grumbulluar lugë gjelle në ujë të vluar ose lëng pule.
d) Mbulojeni kazanin dhe gatuajeni për 12 minuta.

Shënim: Asnjë shikim.

## 11. Topa lajthie

Bën: rreth 30

## PËRBËRËSIT:
- 1 filxhan miell (i situr)
- ½ filxhan gjalpë
- 1 filxhan të grirë imët - arra
- 2 lugë sheqer të grimcuar
- ⅛ lugë çaji kripë
- 1 lugë çaji vanilje
- Ambalazhues sheqeri

## UDHËZIME:
a) Në një tas të madh, kombinoni të gjithë përbërësit përveç sheqerit të ëmbëlsirave. Përziejini mirë derisa të trashet.
b) E vendosim brumin në frigorifer për 30 minuta.
c) Ndërkohë ngrohim furrën në 375°F.
d) Pritini brumin në topa 1¼ inç.
e) Vendoseni 1 inç larg njëra-tjetrës, në një fletë biskotash të pa yndyrë.
f) Piqni për 15 deri në 20 minuta ose derisa të vendoset, por mos e gatuani shumë.
g) Hidhni sheqerin e ëmbëlsirave ndërsa është ende i ngrohtë. Ftoheni plotësisht.
h) Pak para se ta shërbeni, rrokullisni përsëri me sheqer.

## 12. Meze viçi orientale

## PËRBËRËSIT:
- 1 lugë niseshte misri
- ½ filxhan salcë soje
- ¼ filxhan shurup misri të lehtë ose të errët Karo
- 3 lugë vaj misri
- 2 lugë fara susami
- 2 thelpinj hudhre, te grira
- 1 lugë gjelle Rrënja e xhenxhefilit të grirë ose xhenxhefil i bluar
- 2 paund viçi, i prerë në kube 1".
- ½ filxhan qepë të copëtuar

## UDHËZIME:
a) Në një enë pjekjeje 13x9, përzieni 7 përbërësit e parë së bashku derisa të jenë të lëmuara.
b) Shtoni viçin dhe qepët. Hidheni të lyhet mirë. Mbulojeni dhe vendoseni në frigorifer për të paktën 4 orë gjatë natës.
c) Kulloni mishin e viçit; marinadë rezervë.
d) Vendosni kube viçi në raftin e pulave.
e) Zieni 6 inç nga zjarri, duke e kthyer herë pas here dhe duke e larë me marinadë të rezervuar për 6 deri në 8 minuta derisa mishi të skuqet nga të gjitha anët.
f) Piqeni për rreth 15 minuta, duke e kthyer shpesh mishin.
g) Vendoseni mishin nën brojler për 5 minuta të tjera.

## 13. Panocha

## PËRBËRËSIT:
- 3 gota sheqer kaf
- 1 filxhan qumësht
- 2 lugë gjelle gjalpë
- 1 lugë çaji vanilje
- 1 filxhan mish arra

## UDHËZIME:
a) Hidhni sheqerin dhe qumështin në një tenxhere dhe gatuajeni në fazën e softballit, në 238 gradë F.
b) Hiqeni nga zjarri, shtoni gjalpin dhe vaniljen dhe ftohuni.
c) Kur te jete e vaket e rrahim derisa te behet kremoze.
d) Përzieni mishin e arrave të thyera. Arrat, arrat ose arrat e pekanit janë veçanërisht të këndshme.
e) Hidheni në një tavë të lyer me gjalpë dhe kur të forcohet e prisni në katrorë.

## 14. Sheshe dardhe

## PËRBËRËSIT:
- 1 shkop margarinë ose gjalpë
- ¾ filxhan sheqer kaf
- 2 vezë
- ¾ filxhan miell
- ¾ filxhan thekon tërshërë
- 1 lugë çaji pluhur pjekjeje
- 1 lugë çaji kanellë
- ½ lugë çaji sodë buke
- ½ lugë arrëmyshk
- ¾ arra
- ¾ rrush të thatë
- 1½ dardha të grira

## UDHËZIME:
a) Piqeni në 350 gradë F për 20-25 minuta.
b) Qendra e provës me një shkop druri.

## 15. Topa kokoshkash

## PËRBËRËSIT:
- 7 litra kokoshka të grira
- 1 filxhan melasë
- 1 filxhan sheqer të grimcuar
- ⅓ filxhan ujë
- ½ lugë çaji kripë
- ½ lugë çaji vanilje

## UDHËZIME:
a) Vendosni kokoshkat në një tavë të madhe pjekjeje; mbajeni te ngrohte ne furre 200°.
b) Në një tenxhere të rëndë, bashkoni sheqerin, melasën, ujin dhe kripën.
c) Gatuani mbi nxehtësi mesatare derisa një termometër karamele të lexojë 235° (faza e topit të butë).
d) Hiqeni nga zjarri. Shtoni vaniljen.
e) Hidhni menjëherë mbi kokoshka dhe përzieni derisa të mbulohen në mënyrë të barabartë.
f) Kur përzierja të jetë ftohur mjaftueshëm për t'u trajtuar, formoni shpejt atë në një 3-inç. topa, duke i zhytur duart në ujë të ftohtë për të parandaluar ngjitjen.

## 16. Topa bourbone të arrës

## PËRBËRËSIT:
- 2½ filxhan vaferë vanilje të grimcuar imët
- 1 filxhan sheqer pluhur
- 2 lugë kakao
- 1 filxhan arra të imta ose arra të copëtuara dhe kokos të grirë
- ¼ filxhan burbon ose rum
- 3 lugë shurup misri

## UDHËZIME:
a) Përziejini mirë vaferat, sheqerin, kakaon dhe arrat.
b) Shtoni shurupin dhe pijen.
c) Rrotulloni në topa të vegjël. Rrotulloni në sheqer.
d) Ruani në një enë të mbyllur.

## 17. Patties kungull i njomë

## PËRBËRËSIT:
- ⅓ filxhan Bisquick
- 2 vezë
- ¼ filxhan djathë parmixhano
- 2 gota kungulleshka te grira
- 2 lugë margarinë

## UDHËZIME:
a) Përziejini dhe skuqini në 2 lugë margarinë për çdo petë.
b) Skuqini për 3 minuta.

# KURS KRYESOR

## 18. Fasule

## PËRBËRËSIT:
- 1 kanaçe e madhe me mish derri dhe fasule
- 1 kanaçe fasule, e kulluar
- 1 kanaçe fasule gjalpë të bardhë, të kulluar
- 1 qepë e vogël, e prerë në kubikë
- $\frac{1}{4}$ filxhan melasë
- $\frac{3}{4}$ filxhan ketchup
- 1 lugë çaji mustardë
- $\frac{1}{2}$ filxhan sheqer kaf

## UDHËZIME:
a) Hamburger 1 kile kafe dhe sallam i nxehtë 1 kile.
b) Shtoni të gjithë përbërësit e tjerë dhe përziejini mirë.
c) Piqni për $\frac{1}{2}$ orë deri në 45 minuta në 375 gradë F.

## 19. Patëllxhan dhe oriz Provencale

## PËRBËRËSIT:
- 1 patëllxhan i madh, rreth 2 kilogramë
- 4 lugë vaj ulliri
- 3 gota qepë të grira
- 1 spec jeshil, me bërthamë dhe me fara, të prerë në kubikë 1 inç
- 2 thelpinj hudhre te grira
- 1 lugë çaji trumzë e freskët e copëtuar ose ½ lugë çaji trumzë e thatë
- 1 gjethe dafine
- 3 domate të qëruara, të prera dhe të prera
- 1 filxhan oriz të papërpunuar
- 3¾ gota lëng pule
- Kripë dhe piper të zi
- ½ filxhan djathë parmixhano të grirë
- 2 lugë gjelle gjalpë

## UDHËZIME:
a) Ngroheni furrën në 400 gradë. Pritini skajet e patëllxhanëve dhe pritini në kube 1 inç.
b) Ngrohni vajin në një tigan të madh dhe shtoni kubikë patëllxhani. Gatuani në zjarr të lartë, duke tundur herë pas here tiganin.
c) Shtoni qepën, piperin jeshil, hudhrën, trumzën dhe gjethen e dafinës duke i trazuar.
d) Hidhni domatet dhe ulni zjarrin,
e) Ziejini për 5 minuta ose derisa pjesa më e madhe e lëngut në tigan të ketë avulluar.
f) Shënim: Përbërësit duhet të zihen derisa të trashen mjaft.

g) Hidhni orizin dhe lëngun e pulës.
h) I rregullojmë me kripë dhe piper.
i) Hidheni masën me lugë në enën e pjekjes dhe spërkateni me djathë,
j) Lyejeni me gjalpë dhe piqni, pa mbuluar, për 30 minuta.

## 20. Parmixhan patëllxhan

## PËRBËRËSIT:
- 28 ons salcë Marinara
- 2 patëllxhanë të mëdhenj, të prerë në copa të trasha $\frac{1}{4}$ inç
- $1\frac{1}{4}$ filxhan djathë parmixhano të grirë, të ndarë
- 2 topa të mëdhenj mocarela të freskëta, të prera hollë

## UDHËZIME:
a) Së pari skuqni patëllxhanin.
b) Në një enë pjekjeje shtrojmë $\frac{1}{2}$ filxhan marinara, shtrojmë gjysmën e patëllxhanit dhe sipër i hedhim 1 filxhan marinare dhe gjysmën e mocarelës.
c) Përsëriteni me patëllxhanin e mbetur, marinarën e mbetur dhe mocarelën e mbetur. Spërkateni me $\frac{1}{4}$ filxhani të mbetur djathë parmixhano.
d) Piqni për $\frac{1}{2}$ orë në 350 gradë F.

## 21. Biftek krahu

## PËRBËRËSIT:
- 1 biftek, 1 ½ deri në 2 kilogramë
- ½ filxhan salcë soje
- ½ filxhan vaj
- ¼ filxhan sheri të thatë
- 2 thelpinj hudhre mesatare, te grira ose te grira
- 2 lugë gjelle xhenxhefil të freskët të grirë ose 2 lugë çaji xhenxhefil të bluar
- 1 luge gjelle lekure portokalli te grire

## UDHËZIME:
a) Marinoni biftekin në salcë soje, vaj, sheri të thatë, thelpinj hudhër, xhenxhefil dhe lëkurë portokalli të grirë.
b) Ziejini 1½ ose 2 inç nga zjarri për 3-4 minuta.
c) Kthejeni, lyejeni me marinim dhe ziejini për 3-4 minuta më gjatë.
d) Pritini në feta tërthore.

## 22. Viçi dhe speca italiane

## PËRBËRËSIT:
- 1 kile Zierje viçi
- 3 speca jeshilë të mëdhenj, të prerë ose të prerë në feta (mund të përdorni më shumë)
- 2 qepë të mëdha, të prera ose të prera në feta
- 1 numër 2 domate
- Kripë dhe piper
- Majdanoz
- 1 gjethe dafine

## UDHËZIME:
a) Pritini mishin e viçit në copa të vogla.
b) Ngrohni vajin në një tigan (aq sa të mbulojë fundin dhe që mishi të mos ngjitet).
c) Shtoni mishin dhe skuqeni mirë.
d) Shtoni qepët dhe ziejini për disa minuta derisa të zbuten.
e) Hidhni në domate. Shtoni erëzat dhe gatuajeni ngadalë për të paktën 1 orë.
f) Shënim: Specat mund të skuqen veçmas dhe të shtohen për 10-20 minutat e fundit në përzierjen e domates.

## 23. Linguine me salce djathi

## PËRBËRËSIT:
- ½ filxhan kos të thjeshtë me pak yndyrë
- 1 vezë të papërpunuar
- ⅓ filxhan gjizë 99% pa yndyrë
- Kripë ose kripë me shije gjalpi
- Piper
- ½ lugë çaji erëza me rigon ose pica
- 3 ons djathë zviceran, i grirë trashë
- ⅓ filxhan majdanoz i freskët i grirë

## UDHËZIME:
a) Mbi linguine të nxehtë, përzieni shpejt kosin dhe më pas vezën të trashet.
b) Më pas përzieni përbërësit e mbetur.
c) E vendosim tenxheren në zjarr shumë të ulët derisa djathi të shkrihet.

## 24. Manicotti

Bën: rreth 20 rrotullime

**PËRBËRËSIT:**
**PËR MANICOTTI:**
- 6 vezë
- 2 gota miell
- 1½ gote uje
- Kripë dhe piper për shije

**Mbushja me djathë RICOTTA:**
- 2 paund djathë (mund të jetë djathë në tenxhere)
- 2 vezë
- Kripë dhe piper
- Thekon majdanoz
- Djathë parmixhano i grirë

**UDHËZIME:**
a) Rrihni së bashku vezët, miellin, ujin, kripën dhe piperin sipas shijes.
b) Bëjini si petulla të holla, shumë shpejt, në skarë ose tigan (për skuqjen e tyre përdor vaj ulliri).
c) Mbushni me përzierjen e djathit rikota. Rrokullisje. Mbulojeni me salcë.
d) Piqni në 350 gradë F për ½ orë.
e) Lëreni të qëndrojë për 10 minuta përpara se ta shërbeni.

**Mbushja me djathë RICOTTA:**
f) Përziejini me një lugë derisa të jetë e qetë dhe e përzier plotësisht (Unë përdor gjysmën e kësaj).

## 25. Tavë me qepë

## PËRBËRËSIT:

- 4 gota qepe
- 4 lugë Gjalpë
- 2 vezë
- 1 ½ filxhan qumësht
- ½ lugë çaji kripë
- ½ lugë çaji Worcestershire
- shkundja e tabaskos
- Djathë i grirë

## UDHËZIME:

a) Gatuani qepët për vetëm disa minuta, por mos i skuqni ato.
b) Shtoni qumështin tek vezët e rrahura dhe erëzat.
c) Spërkateni me djathë dhe piqni në 325 gradë F derisa një thikë argjendi të dalë e pastër.

## 26. Mish derri oriental

## PËRBËRËSIT:
- 3 lugë salcë soje
- 1 lugë çaji me xhenxhefil dhe sheqer
- ½ kile mish derri, i prerë në copa të vogla
- 2 qepë të mëdha të grira mirë
- 3 lugë vaj
- 4 gota lakër

## UDHËZIME:
a) Përziejini së bashku salcën e sojës, xhenxhefilin dhe sheqerin; le menjane.
b) Skuqni mishin e derrit dhe qepët në vaj derisa mishi i derrit të mos jetë më rozë dhe qepët të zbuten për rreth 10 minuta.
c) Përzieni përzierjen e lakrës dhe salcës së sojës.
d) Gatuani për rreth 10 deri në 12 minuta. Shërbejeni mbi oriz.

## 27. Hamburgerë të stilit kuban Picadillo

## PËRBËRËSIT:
- 1 qepë jeshile, e grirë
- 1 luge vaj
- 1 kile hamburger
- 1 kanaçe (8 ons) salcë domate
- ¼ filxhan speca jeshil të mbushur në feta
- 2 lugë gjelle kaperi
- Oriz i nxehtë

## UDHËZIME:
a) Në një tigan kaurdisni specat jeshil në vaj ulliri derisa të zbuten.
b) Shtoni përzierjen e mishit, duke e trazuar derisa të prishet.
c) Përzieni salcën e domates. Mbulojeni dhe gatuajeni për 20 minuta.
d) Shtoni ullinj dhe kaperi; ziej për 5 minuta.
e) Shërbejeni mbi oriz.
f) Erëza të shtuara në mish para gatimit, qepë, të copëtuar, thelpi hudhër, kripë dhe piper.

## 28. Biftek i mprehtë

## PËRBËRËSIT:
- Biftek
- 2 thelpinj hudhre
- 1 luge vaj ulliri
- 1½ lugë çaji salcë soje
- ½ lugë çaji Mustardë
- Kripë
- Piper

## UDHËZIME:
a) Përziejini përbërësit dhe hidhini në biftek.
b) Lëreni biftekun të qëndrojë në salcë për rreth 2 orë.
c) Ziejeni ose gatuajeni sipër sobës.
d) Mund të përdoret në dre.

## 29. Karkaleca Sherry

## PËRBËRËSIT:
- ½ shkop gjalpë
- 5 thelpinj hudhre, te shtypura
- 1-1½ paund karkaleca; granatuar dhe deveinuar
- ¼ filxhan lëng limoni të freskët
- ¼ lugë çaji piper
- 1 filxhan sheri gatimi
- 2 lugë majdanoz të grirë
- 2 lugë qiqra të grira
- Kripë për shije

## UDHËZIME:
a) Shkrini gjalpin në një tigan mbi nxehtësinë mesatare. Shtoni hudhër, karkaleca, lëng limoni dhe piper.
b) Gatuani duke i përzier derisa karkalecat të marrin ngjyrë rozë (rreth minuta).
c) Shtoni sherin e gatimit, majdanozin dhe qiqrat. Sillni vetëm një valë.
d) Shërbejeni menjëherë mbi oriz të gatuar.
e) Dekoroni me limon.

## 30. Kungull me spageti te hedhur me persillade patellxhan

Bën: 6 racione

## PËRBËRËSIT:
**PËR kungullin:**
- Kunguj spageti
- vaj
- 2 ose 3 thelpinj hudhër
- kripë dhe piper për shije
- Djathë parmixhano

**PERSILADA E PATELIGJANIT:**
- Patëllxhan, i prerë në feta
- $\frac{1}{2}$ lugë gjelle kripë
- $\frac{1}{8}$ inç vaj ulliri
- hudhra

## UDHËZIME:
**PËR kungullin:**
a) Ziejini dhe grijini kungujt e spagetit si zakonisht.
b) Ngrohni disa lugë vaj në një tigan të madh dhe rrotulloni 2 ose 3 thelpinj hudhër, duke i gatuar butësisht për një ose dy minuta.
c) Më pas hidhni kungullin me spageti dhe palosni me hudhrën, shtoni kripë dhe piper sipas shijes, shtoni më shumë vaj [ose gjalpë] dhe gatuajeni në masën që preferoni.
d) Më pas hidheni me një lugë djathë parmixhano, kthejeni në një pjatë të nxehtë dhe zbukurojeni me patëllxhanin – por mos i hidhni së bashku.

**PERSILADA E PATELIGJANIT:**

a) Prisni kapakun e gjelbër dhe hiqni lëkurën me një qëruese perimesh. Pritini në feta $\frac{1}{2}$ inç, pritini fetat në shirita $\frac{1}{2}$ inç dhe shiritat në zare $\frac{1}{2}$ inç. Hidheni në një kullesë me $\frac{1}{2}$ lugë gjelle kripë dhe lëreni të kullojë për të paktën 20 minuta. Më pas thajeni në një peshqir.
b) Mbushni një tigan të madh [mundësisht jo ngjitës] me ulliri $\frac{1}{8}$ inç dhe kaurdisni patëllxhanin në zjarr mesatarisht të lartë për 4 deri në 5 minuta duke e hedhur shpesh, derisa të zbutet duke shijuar një copë.
c) Shtoni hudhrën dhe hidheni për një minutë që të gatuhet, më pas hidheni me majdanozin vetëm në momentin e fundit.
d) Kjo është e mirë në vetvete, qoftë e nxehtë apo e ftohtë.
e) Kaloni më shumë djathë për ata që e dëshirojnë.

## 31. Biftek spanjoll

## PËRBËRËSIT:

- ½ filxhan qepë të copëtuar
- 2 kile viçi të copëtuar
- 1 piper jeshil
- 1 qepë
- 4 feta proshutë të gatuara të copëtuara dhe të freskëta
- 1 vezë
- 1 lugë gjelle kripë, paprika, piper dhe pak tabasko
- 1 kanaçe domate me pyka, te kulluara
- 12 ullinj të mbushur, të prerë në feta
- ½ filxhan djathë të grirë

## UDHËZIME:

a) Përziejini mirë mishin, qepën, proshutën, vezën dhe erëzat.
b) Formoni në një tepsi të lyer me petë.
c) Spërkateni me pjesën tjetër të përbërësve.
d) E pjekim ne 400 per 35 deri ne 40 minuta

## 32. Tavë kungull

## PËRBËRËSIT:
- ½ filxhan gjalpë
- 1 filxhan salcë e thatë
- Kungull
- ¼ filxhan qepë dhe karotë të grirë
- 1 filxhan salcë kosi
- 1 kanaçe kungull
- Llak i pulës.
- ½ filxhan qumësht

## UDHËZIME:
a) Shkrini ½ filxhan gjalpë.
b) Shtoni 1 filxhan salcë të thatë dhe përzieni
c) Më pas presim kungujt ¼ inç të trashë dhe shtojmë.
d) Përzieni në ¼ filxhan qepë dhe karotë të grirë. Ziejini së bashku për rreth 5 minuta.
e) Shtoni 1 filxhan salcë kosi, 1 kungull dhe lëng pule.
f) Shtoni ½ filxhan qumësht
g) Në një enë pjekjeje me kunguj 9x9, shpërndani ½ përzierje dressing, të ndjekur nga kunguj dhe qepë.
h) Hidhni përzierjen e kremit.
i) Sipër shtoni përzierjen e mbetur të veshjes.
j) Piqeni për 30 minuta në 350°F.

## 33. Kungull Acorn mbushur

PËRBËRËSIT:
- 1 kungull lisi
- 1 lugë çaji qepë të grirë
- 1 lugë çaji piper jeshil i grirë imët
- 2 lugë gjelle gjalpë
- ½ filxhan djathë të grirë
- 1 filxhan thërrime buke të buta
- kripë dhe piper

UDHËZIME:
a) Piqni kungujt në një furrë të nxehtë (400 gradë F) për rreth 35 minuta, derisa të zbuten.
b) Pritini për së gjati në gjysma, hidhni farat dhe nxirrni në qendër, duke lënë lëvozhgat rreth ¼ inç të trashë.
c) Grini tulin dhe shtoni përbërësit e mbetur.
d) Mblidheni në lëvozhgat e kungujve dhe vendoseni në një furrë të moderuar (350 gradë F) derisa të marrin ngjyrë kafe.

## 34. Kungull i njomë i mbushur

## PËRBËRËSIT:

- Kungull i njomë, rreth 1 kile
- 2 luge vaj
- 1 thelpi hudhër, të grirë
- 1 qepë mesatare, e grirë
- 1 fasule të grira, të ziera dhe të kulluara në mënyrë të trashë
- 1½ filxhan oriz të gatuar
- ¼ filxhan majdanoz i grirë
- 2 vezë
- ⅓ filxhan qumësht
- Kripë dhe piper për shije
- 2 lugë fara susami
- 2 lugë djathë të grirë
- Supë e nxehtë

## UDHËZIME:

a) Pritini kungull i njomë përgjysmë për së gjati; nxirrni guaskën rezervë të pulpës.
b) Ngrohni vajin dhe shtoni tulin e grirë, hudhrën dhe qepën. Gatuani derisa të zbuten.
c) Hiqeni nga nxehtësia; duke trazuar fasulet, orizin dhe barishtet.
d) Rrihni vezët; i palosim në masën e kungujve derisa të përthithet lëngu.
e) Shtoni kripë dhe piper.
f) Mbushni lëvozhgat e kungujve me një përzierje.
g) Kombinoni farat e susamit dhe djathin; spërkatni sipër.
h) Hidhni ½ lëng mishi të nxehtë në enën e pjekjes.

i) Piqni të pambuluara në 350 gradë F derisa lëvozhgat të zbuten, rreth 30 minuta.

## 35. Tavë me patate të ëmbël

## PËRBËRËSIT:
- 1 filxhan sheqer
- 1⅓ filxhan qumësht
- 1 filxhan margarinë e shkrirë
- 4 vezë të rrahura
- ½ lugë çaji secila kripë, kanellë, arrëmyshk
- 3 deri në 4 patate të ëmbla të mëdha, të qëruara dhe të prera në feta
- ¼ filxhan raki
- Rrush të thatë
- Pecans të copëtuara
- Marshmallows

## UDHËZIME:
a) Në një tas të vogël, lëreni rrushin e thatë të zhyten në raki për 20 minuta.
b) Lyejmë një tavë të cekët me gjalpë dhe shtrojmë feta patate të ëmbël.
c) Në një tenxhere përzieni sheqerin, kripën, kanellën, arrëmyshkun, qumështin dhe margarinën dhe lërini të ziejnë.
d) Shtoni vezët, rrushin e thatë dhe rakinë dhe masën e derdhni mbi patatet e ëmbla.
e) Vendoseni në një tavë të lyer me yndyrë për 30 minuta në 300 gradë F.
f) Hidhni sipër marshmallows dhe pecans të copëtuar dhe skuqini për disa minuta.

## 36. Biftek zviceran

## PËRBËRËSIT:
- 1 qepë mesatare, e prerë në feta
- 3 lugë piper jeshil të grirë
- 2-2,5 paund viçi, biftek i sipërm i rrumbullakët ose i poshtëm i prerë në kube ½ inç
- 3 lugë yndyrë/vaj gatimi
- 1 kanaçe salcë domate
- 1 gotë ujë
- 1½ lugë çaji kripë
- 1 lugë gjelle salcë Worcestershire
- ¼ lugë çaji piper
- ½ filxhan miell
- 1 gjethe dafine

## UDHËZIME:
a) Lyejeni biftekun me miell dhe shkundni çdo tepricë.
b) Ngrohni vajin mbi nxehtësinë mesatare-të lartë; më pas skuqeni biftekin nga të dyja anët deri në kafe të artë - 6-7 minuta për anë. Hiqeni mishin nga tigani dhe vendoseni në një pjatë.
c) Shtoni qepët dhe piperin në tigan, më pas skuqini për 2-3 minuta. Vazhdoni me kripë, piper dhe gjethe dafine dhe vazhdoni gatimin për 3-5 minuta të tjera, duke e përzier herë pas here që të mos digjet.
d) Më pas, shtoni purenë e domates, salcën Worcestershire, mishin e viçit dhe 1-2 gota ujë.
e) Mbulojeni dhe ziejini për rreth 1 orë e gjysmë ose derisa të zbuten.

## 37. Viçi Piccata

## PËRBËRËSIT:
- 1½ kile Viçi i grirë dhe i prerë në feta
- 1 lugë çaji kripë
- ⅓ filxhan supë
- 6 feta të holla limoni
- 1 lugë çaji tarragon i tharë
- 2 lugë majdanoz të grirë
- ½ filxhan miell për të gjitha përdorimet
- 2 lugë vaj ulliri plus më shumë sipas nevojës

## UDHËZIME:
a) Spërkateni viçin me kripë dhe fshijeni miellin, duke shkundur çdo tepricë.
b) Në një tigan mbi nxehtësinë mesatare në të lartë, ngrohni vajin.
c) Duke punuar në tufa, shtoni kotatet e viçit në tigan dhe gatuajeni derisa të marrin ngjyrë kafe të artë, rreth 3 minuta.
d) Shtoni lëngun e mishit, fetat e limonit dhe tarragonin.
e) Mbulojeni dhe gatuajeni për 2 ose 3 minuta.
f) Për ta servirur, hidhni salcën me lugë mbi viçin e nxehtë dhe spërkatni me majdanoz.

## 38. Tavë dreri

## PËRBËRËSIT:

- 2 kile gjarpër ijë
- 2 luge vaj ulliri
- 2 lugë verë sheri
- 2 lugë gjelle gjalpë
- 1 ½ porcione stok
- 2 lugë çaji kripë
- 1 lugë gjelle lëng qepe
- 1 lugë çaji piper i zi
- Dash cayenne
- 1 pike majdanoz i grire

## UDHËZIME:

a) Skuqeni me gjalpë dhe shtoni lëngun. Përzieni rreth 2 lugë miell në pak lëng dhe shtoni; qepë dhe erëza.
b) I bashkojme dhe i leme te ziejne per rreth nje ore.
c) Pak përpara se ta servirni shtoni gjalpë dhe sherry për shije.
d) Mund të shtohen kërpudha.

## 39. Dreri i drerit

## PËRBËRËSIT:
- 3 paund. Shirita mish dreri, të prera në feta ¼ inç ose më të holla
- 1 lugë gjelle kripë
- 1 lugë çaji pluhur qepë
- 1 lugë çaji hudhër pluhur
- 1 lugë çaji piper i zi
- ⅓ filxhan salcë Worcestershire
- ¼ filxhan salcë soje ose salcë teriyaki (pak më shumë salcë nuk do të dëmtojë)

## UDHËZIME:
a) Marinojini shiritat e mishit të gjahut në një tas qelqi të mbuluar për 1 ose 2 ditë në frigorifer, duke i kthyer herë pas here.
b) Thajini shiritat në nxehtësi mesatare si p.sh. në sobë me dru për rreth 24 orë-48 orë ose në furrë në temperatura të ulëta.

## 40. Salsiçe dreri

## PËRBËRËSIT:
- 8 kile mish dreri
- 8 kilogramë mish derri
- 4 lugë çaji farë kopër
- 1 lugë çaji kripë
- 2 lugë çaji piper të zi
- 1 lugë çaji pluhur qepë
- 1 lugë çaji hudhër pluhur
- 1 lugë çaji piper i kuq (vetëm për sallam të nxehtë)

## UDHËZIME:
a) Kombinoni mishin e derrit, mishin e drerit, farat e koprës, kripën, piperin e zi, pluhurin e qepës, pluhurin e hudhrës dhe piperin e kuq në një tas të madh dhe përzieni mirë. Formojeni në peta, trungje ose mbushni zorrët e sallamit.

b) Ngrohni vajin në nxehtësi mesatare-të lartë në një tigan të madh.

c) Ngrijeni ose gatuajeni sallamin derisa të skuqet dhe të gatuhet.

d) Receta mund të pritet në gjysmë.

## 41. Kungull dimëror

## PËRBËRËSIT:
- qepët
- Tarragon
- piper i zi
- kripë
- kungull
- Mollë të copëtuara
- ananasi i grimcuar
- sheqer kaf
- Gjalpë
- pecans të copëtuara
- lëvozhgë portokalli

## UDHËZIME:
a) Kaurdisni qepët me tarragon, piper të zi dhe kripë.
b) Zieni kungujt dhe grijini.
c) Shtoni mollët e grira.
d) Shtroni me ananasin e grimcuar, sheqerin kaf, gjalpin, pekanët e copëtuar dhe lëkurën e portokallit.
e) Zbukuroni sipër me pecans të copëtuar, sheqer kaf dhe gjalpë.
f) E pjekim ne 350 grade per 45 minuta-1 ore.

## 42. Pule e skuqur

**PËRBËRËSIT:**

1 pulë e plotë, e prerë në 8 pjesë
2 gota dhallë
2 gota miell për të gjitha përdorimet
2 lugë kripë
2 lugë piper i zi
1 lugë hudhër pluhur
1 lugë qepë pluhur
1/2 lugë paprika
Vaj vegjetal, për tiganisje
Udhëzime:

Në një tas të madh, njomni copat e pulës në dhallë për të paktën 1 orë, ose brenda natës në frigorifer.

Në një enë të cekët përzieni miellin, kripën, piperin e zi, hudhrën pluhur, qepën pluhur dhe paprikën.

Hiqni copat e pulës nga dhalli dhe shkundni çdo tepricë.

Lyejeni secilën pjesë të pulës në përzierjen e miellit, duke shkundur çdo tepricë.

Ngrohni rreth 1 inç vaj vegjetal në një tigan të madh mbi nxehtësinë mesatare-të lartë.

Skuqini copat e pulës në tufa derisa të marrin ngjyrë kafe të artë dhe të gatuhen, rreth 12-15 minuta për gjoksin dhe 15-18 minuta për kofshët, shkopinjtë dhe krahët. I kullojmë në peshqir letre.

## 43. Karkaleca dhe Grit

## PËRBËRËSIT:

1 filxhan grila me gurë
4 gota ujë
1/2 lugë kripë
1/2 filxhan djathë çedër të grirë
1/4 filxhan krem të rëndë
1 lb karkaleca të mëdha, të qëruara dhe të deveruara
4 feta proshutë, të prera
1 piper jeshil i prerë në kubikë
1 qepë e vogël, e prerë në kubikë
2 thelpinj hudhre, te grira
1/2 filxhan lëng pule
2 lugë gjelle gjalpë
Kripë dhe piper të zi, për shije
Qepë të grira, për zbukurim

Udhëzime:

Në një tenxhere të mesme vendosim ujin dhe kripën të ziejnë. Përziejini ngadalë grilat dhe zvogëloni nxehtësinë në minimum.

Ziejini grilat, duke i përzier herë pas here, derisa të bëhen kremoze dhe të buta, rreth 20-25 minuta.

Përzieni djathin çedar dhe kremin e trashë derisa djathi të shkrihet dhe masa të jetë e qetë. Mbani ngrohtë.

Në një tigan të madh, gatuajeni proshutën e copëtuar derisa të bëhet krokante. E heqim me një lugë të prerë dhe e lëmë mënjanë.

Në të njëjtën tigan kaurdisni specin jeshil, qepën dhe hudhrën në zjarr mesatar-të lartë derisa të zbuten dhe të skuqen lehtë, rreth 5-7 minuta.

Shtoni karkalecat në tigan dhe skuqini derisa të marrin ngjyrë rozë dhe të ziejnë, rreth 3-4 minuta.

Hiqni karkalecat nga tigani dhe lërini mënjanë.

Shtoni lëngun e pulës dhe gjalpin në tigan dhe përzieni derisa gjalpi të shkrihet dhe masa të jetë e qetë.

I rregullojmë karkalecat dhe grirat me kripë dhe piper të zi sipas shijes. Hidhni grilat me lugë në enë dhe sipër i hidhni përzierjen e karkalecave.

Dekoroni me proshutën e gatuar dhe qepët e grira.

## 44. Pulë e skuqur e stilit jugor

PËRBËRËSIT:

1 pulë e plotë, e prerë në 10 pjesë
2 gota dhallë
1 lugë salcë e nxehtë
1 lugë hudhër pluhur
1 lugë gjelle pluhur qepë
1 lugë çaji paprika e tymosur
1 lugë çaji piper kajen
2 gota miell për të gjitha përdorimet
1 lugë gjelle pluhur pjekjeje
1 lugë gjelle kripë
1 lugë çaji piper i zi
Vaj vegjetal për tiganisje
Udhëzime:

Në një tas të madh, rrihni së bashku dhallën, salcën e nxehtë, pluhurin e hudhrës, pluhurin e qepës, paprikën e tymosur dhe piperin e kuq derisa të kombinohen mirë. Shtoni copat e pulës në tas, duke u siguruar që secila pjesë të jetë plotësisht e lyer me përzierjen e dhallës. Mbulojeni enën me mbështjellës plastik dhe vendoseni në frigorifer për të paktën 2 orë ose gjatë gjithë natës. Në një tas të veçantë, përzieni miellin, pluhurin për pjekje, kripën dhe piperin e zi.
Hiqeni pulën nga përzierja e dhallës, duke shkundur çdo tepricë dhe fshijeni secilën pjesë në përzierjen e miellit, duke shkundur çdo tepricë.

Ngrohni rreth 1 inç vaj vegjetal në një tigan të madh me fund të rëndë mbi nxehtësinë mesatare-të lartë derisa të arrijë 350°F.

Vendosini me kujdes copat e pulës në vajin e nxehtë, duke u kujdesur që të mos mbipopulloni tiganin. Skuqini pulën për 12-15 minuta, ose derisa të marrë ngjyrë kafe të artë dhe të bëhet krokante, duke i kthyer copat një herë në gjysmë të gatimit.

Hiqeni pulën nga tigani dhe vendoseni në një raft teli për të kulluar vajin e tepërt.

Shërbejeni pulën e skuqur të nxehtë, me anët tuaja të preferuara si pure patatesh dhe zarzavate.

## 45. Biftek i skuqur me pulë

## PËRBËRËSIT:

4 biftekë kubikë
1 filxhan miell për të gjitha përdorimet
1 lugë hudhër pluhur
1 lugë gjelle pluhur qepë
1 lugë çaji paprika
1 lugë çaji kripë
1/2 lugë çaji piper i zi
2 vezë
1/4 filxhan qumësht
Vaj vegjetal për tiganisje
Udhëzime:

Në një enë të cekët, përzieni miellin, pluhurin e hudhrës, pluhurin e qepës, paprikën, kripën dhe piperin e zi.

Në një enë tjetër të cekët, përzieni vezët dhe qumështin.

Zhytni çdo biftek kub në përzierjen e miellit, më pas në përzierjen e vezëve, pastaj përsëri në përzierjen e miellit, duke u siguruar që secila pjesë të jetë plotësisht e veshur.

Ngrohni rreth 1/2 inç vaj vegjetal në një tigan të madh me fund të rëndë mbi nxehtësinë mesatare deri sa të arrijë 350°F.

Vendosni me kujdes biftekët e kubit në vajin e nxehtë, duke u kujdesur që të mos mbipopulloni tiganin. Skuqini biftekët për 3-4 minuta nga çdo anë, ose derisa të marrin ngjyrë kafe të artë dhe të bëhen krokante.

Hiqni biftekët nga tigani dhe vendosini në një raft teli për të kulluar vajin e tepërt.

Shërbejeni biftekin e skuqur të pulës të nxehtë, me anët tuaja të preferuara si pure patatesh dhe bishtaja.

# SUPAT DHE MERRAT

## 46. Zierje kineze

Bën: 8 racione

## PËRBËRËSIT:
- Peshk, karavidhe ose gaforre
- selino
- fasule
- 1 filxhan oriz, i gatuar
- kërpudha
- kikirikët
- vaj
- qepët
- brokoli

## UDHËZIME:
a) Në një wok, ngrohni vajin mbi nxehtësinë mesatare.
b) Skuqni qepët, pastaj selinonë dhe më pas kërpudhat. Hiqni secilin jashtë.
c) Më pas skuqini fasulet, brokolin dhe kikirikët.
d) Shtoni grupin e parë dhe më pas shtoni peshkun tuaj.
e) Në fund, shtoni 1 filxhan oriz dhe ziejini për 1 minutë.
f) Shërbejeni.

## 47. Supe franceze me qepe

## PËRBËRËSIT:
- 6 gota qepë të grira
- 3 kanaçe 10¾ ons me lëng mishi
- Dash Worcestershire
- Piper dash
- Dash verë e bardhë

## UDHËZIME:
a) Kaurdisni qepët në 3 lugë gjalpë dhe shtoni pjesën tjetër të përbërësve.
b) Ziejini për 20 minuta dhe shtoni djathin.
c) Shërbejeni me bukë.

## 48. Supë elbit të viçit të gjyshes

## PËRBËRËSIT:
- ½-1 kile mish viçi me zierje
- 2 thelpinj hudhre
- 2 luge vaj
- 1 kanaçe me domate
- 2 gota karota
- 2 gota selino
- 2 gota bishtaja
- ½ filxhan elb
- 1 lugë gjelle salcë Worcestershire
- Pini borzilok
- Kripë dhe piper
- 1 pako bujone viçi

## UDHËZIME:
a) Skuqni mishin e zierjes së viçit me hudhër në 2 lugë vaj.
b) Shtoni domatet, karotat, selinon, bishtajat, elbin, salcën Worcestershire, një majë borziloku, kripë dhe piper dhe 1 pako me bujon viçi.
c) Gatuani në temperaturë të ulët për 3-4 orë.

## 49. Ox tail Supë

## PËRBËRËSIT:
- 1 bisht kau
- 3 porcione Stoku
- 1 qepë e madhe
- 1 karotë të grirë
- ½ filxhan klaret
- 1 lugë gjelle gjalpë
- 1 trumzë pranvere
- ½ filxhan domate të copëtuara
- 1 kërcell selino
- 2 burime majdanoz
- 1 gjethe dafine
- 6 kokrra piper
- 1 lugë gjelle salcë Worcestershire
- Kripë

## UDHËZIME:
a) Mish kafe dhe qepë në gjalpë.
b) Shtoni përbërësit e mbetur dhe ziejini për rreth 8 orë.
c) Hiqeni mishin nga kockat dhe kthejeni në supë.

# Pjata ANËSORE

## 50. Shirita patate të pjekura

## PËRBËRËSIT:
- Patatet ruse, të qëruara, të prera në katër pjesë dhe më pas të prera në 3 rripa
- Margarinë
- ½ filxhan djathë parmixhano
- ½ filxhan thërrime buke
- Kripë hudhër

## UDHËZIME:
a) Rrotulloni patatet në margarinë dhe më pas rrotulloni në djathë parmixhano dhe thërrime buke,
b) Sezoni me kripë hudhër.
c) Piqeni në furrë të 400 gradë për 30-35 minuta.

## 51. Lulelakër me brymë me djathë

Bën: 4-5 porcione

**PËRBËRËSIT:**
- 1 kokë lulelakër, e thyer në lule
- Kripë
- ½ filxhan majonezë
- 2 lugë mustardë të përgatitur
- ¾ filxhan djathë të grirë të grirë

**UDHËZIME:**
a) Gatuani paraprakisht lulelakrën në ujë të vluar me kripë për 12-15 minuta.
b) Kullojeni. Vendoseni në një enë pjekjeje pa yndyrë.
c) Spërkateni me kripë.
d) Kombinoni ½ filxhan majonezë dhe 2 lugë mustardë të përgatitur. Përhapeni mbi lulelakër.
e) Sipër shtoni ¾ filxhan djathë të grirë të grirë.
f) Piqni në 375 gradë F për rreth 10 minuta ose derisa djathi të shkrihet dhe të ketë flluska.

## 52. Patate gustator

## PËRBËRËSIT:

- 12-14 patate
- 2 shkopinj djathë ekstra të mprehtë, të grirë
- 1 shkop gjalpë
- 2 litra salcë kosi
- 1 qepë mesatare, e grirë
- Kripë dhe piper për shije

## UDHËZIME:

a) Gatuani patatet me lëkura, lërini të ftohen, qëroni dhe grijini.
b) Shkrini 2 shkopinj djathë tepër të mprehtë me 1 shkop gjalpë. Le menjane.
c) Përzieni 2 litra salcë kosi, 1 qepë mesatare dhe kripë e piper.
d) Shtoni përzierjen e djathit dhe gjalpit në përzierjen e kosit.
e) Hidhni sipër patatet dhe përzieni.
f) Vendosni gjalpin sipër.
g) Piqeni për 45 minuta në 350 gradë F.

## 53. Kugel me patate

## PËRBËRËSIT:
- 6 patate mesatare
- 2 vezë
- ½ filxhan miell
- ½ lugë çaji pluhur pjekjeje
- 1½ lugë çaji kripë
- ½ lugë çaji piper
- ¼ filxhan shkurtim
- 2 qepë mesatare

## UDHËZIME:
a) Qëroni dhe grijini patatet.
b) Shtoni vezët dhe rrihni derisa të jetë e qetë.
c) Shoshni së bashku miellin, kripën, pluhurin për pjekje dhe piperin. Shtoni në përzierjen e patates.
d) Grini qepët dhe skuqini derisa të marrin një ngjyrë kafe të lehtë,
e) Shtoni në brumë dhe piqini në një enë të lyer me yndyrë në një furrë 350°F për rreth 1 orë ose derisa të bëhet e freskët dhe kafe.

## 54. Patate rroje

## PËRBËRËSIT:

- 6 deri në 8 patate të mëdha ovale
- 1 lugë çaji kripë
- piper për shije
- ½ filxhan gjalpë
- ½ filxhan djathë parmixhano të grirë
- ⅓ filxhan thërrime buke të thara

## UDHËZIME:

a) Ngroheni furrën në 450 gradë F. patatet duhet të qërohen në një madhësi uniforme.
b) Pritini çdo grumbullim të patates në njërin skaj në feta ¼ inç, duke i vendosur sipër ¼ inç nga fundi, në mënyrë që feta të mbetet e çelur.
c) Vendosni patatet me skajet e prera lart në një tavë të cekët të lyer mirë me yndyrë.
d) Spërkateni me kripë dhe piper dhe lyeni me copa gjalpë. Piqeni në furrë për 20 minuta.
e) Lyejeni herë pas here me gjalpë në tigan. Përzieni djathin dhe thërrimet e bukës; spërkatni me bollëk mes patateve. Pritini secilën nga sipër.
f) Piqni edhe për 25 deri në 30 minuta të tjera, duke i lyer herë pas here derisa të marrin ngjyrë kafe të artë dhe të butë.

## 55. Zarzavate kollare

## PËRBËRËSIT:

2 lbs zarzavate, kërcelli i hequr dhe gjethet e copëtuara
6 gota lëng pule
1 qepë e madhe, e prerë në kubikë
3 thelpinj hudhre, te grira
2 qafa proshutë të tymosur ose qafa gjeldeti
1 lugë kripë
1/2 lugë piper i zi
1/4 lugë çaji thekon piper të kuq

## UDHËZIME:

Në një tenxhere të madhe, lëreni lëngun e pulës të ziejë.
Shtoni zarzavatet, qepën, hudhrën, kërpudhat e proshutës ose qafën e gjelit të detit, kripën, piperin e zi dhe thekon piper të kuq.

# ËSHTIRËS

## 56. Sandwiches All Star Ice Cream

Shërbim: 4 racione. | Përgatitja: 10 minuta | Gatuaj: 5 minuta Gati në:

## PËRBËRËSIT:
1/2 filxhan akullore me brumë biskotash me çokollatë, e zbutur
8 biskota Oreo
6 ons shtresë karamele me çokollatë qumështi, e shkrirë
Spërkatet e kuqe, e bardhë dhe blu

## DREJTIM
Hidhni gjysmën e biskotave me 2 lugë gjelle. akullore, më pas vendosni biskota të mbetura sipër. Lyejeni sipër me një shtresë të shkrirë, më pas përdorni spërkatje për të dekoruar. Ngrijeni në një tepsi për të paktën një orë.

## INFORMACION I USHQIMIT
Kaloritë:
Kolesteroli:
Proteina:
Yndyra totale:
Natriumi:
Fibra:
Karbohidratet totale:

## 57. Byrek me krem molle

Shërbimet: 8 | Përgatitja: 25 minuta | Gatim: 35 minuta
Gati në:

## PËRBËRËSIT:
4 gota mollë të prera hollë
1 filxhan sheqer të bardhë
2 lugë miell për të gjitha përdorimet
1 lugë çaji arrëmyshk i bluar
2 lugë çaji kanellë të bluar
4 lugë gjelle gjalpë
2 gota gjysmë e gjysmë
1 recetë pastiçerie për një byrek me një kore 9 inç

## DREJTIM
Vendoseni furrën në 190 ° C (375 ° F) dhe filloni të ngrohni paraprakisht.
Vendosja e mollëve në koren e byrekut. Bashkoni kanellën, arrëmyshkun, miellin dhe sheqerin. Shpërndani në shtresën e mollës.
Ngroheni gjalpin derisa të shkrihet dhe përzieni në krem; përhapur mbi mollë.
Piqni në 190 ° C (375 ° F) për 35 minuta, derisa lëvozhga të marrë ngjyrë kafe të artë, flluskat mbushëse dhe mollët të bëhen të buta. Lëreni të ftohet derisa të arrijë temperaturën e dhomës; ftoheni në frigorifer për të vendosur mbushjen.

## INFORMACION I USHQIMIT
Kalori: 383 kalori;
Kolesteroli: 38
Proteina: 3.6
Yndyra totale: 20.5

Natriumi: 183
Karbohidratet totale: 48.6

## 58. Petë mollësh me salcë

Shërbim: 8 racione. | Përgatitja: 60 minuta | Gatim: 50 minuta Gati në:

## PËRBËRËSIT:
3 gota miell për të gjitha përdorimet
1 lugë çaji kripë
1 filxhan shkurtim
1/3 filxhan ujë të ftohtë
8 mollë të tortës së mesme, të qëruara dhe me bërthama
8 lugë çaji gjalpë
9 lugë çaji kanellë-sheqer, të ndara
Salca:
1-1/2 filxhan sheqer kaf të paketuar
1 gotë ujë
1/2 filxhan gjalpë, i prerë në kubikë

## DREJTIM
Përzieni kripën dhe miellin së bashku në një tas të madh, më pas presini në feta derisa të bëhen të thërrmuara. Hidheni në ujë gradualisht dhe përdorni një pirun për ta hedhur derisa të formohet një top brumi. Ndani brumin në 8 pjesë, më pas mbulojeni dhe ftoheni derisa të trajtohet lehtë, për të paktën gjysmë ore.

Vendoseni furrën në 350 gradë dhe rrokullisni secilën pjesë të brumit midis 2 fletëve letre të dyllosur të lyera lehtë me miell, në një katror prej 7 inç. Vendosni 1 mollë në çdo katror, më pas vendosni 1 lugë çaji gjalpë dhe kanellë-sheqer në mes të secilës mollë.

Mblidhni qoshet e brumit në çdo qendër butësisht duke prerë çdo tepricë, më pas shtypni skajet për t'u mbyllur. Pritini gjethet dhe kërcellin e mollës nga mbeturinat e brumit, nëse dëshironi, atëherë përdorni ujë për t'i bashkuar ato në petë. Vendoseni në një enë pjekjeje 13 inç x 9 inç të lyer me yndyrë dhe përdorni sheqerin e mbetur të kanellës për ta spërkatur sipër.

Përziejini përbërësit e salcës së bashku në një tenxhere të madhe. Lëreni të ziejë duke e trazuar derisa të kombinohen, më pas derdhni mollët.

Piqeni derisa pasta të marrë ngjyrë kafe të artë dhe mollët të jenë të buta, rreth 50 deri në 55 minuta, ndërsa lyeni herë pas here me salcën e mbetur. Shërbejeni të ngrohtë.

**INFORMACION I USHQIMIT**
Kalori: 760 kalori
Proteina: 5 g proteina.
Yndyra totale: 40 g yndyrë (16 g yndyrë të ngopur)
Natriumi: 466 mg natrium
Fibra: 3 g fibër)
Karbohidratet totale: 97 g karbohidrate (59 g sheqerna
Kolesteroli: 41 mg kolesterol

## 59. Puff limoni molle

Shërbim: 1 porcion. | Përgatitja: 20 minuta | Gatuaj: 15 minuta Gati në:

## PËRBËRËSIT:
1-1/2 lugë çaji gjalpë
1 mollë e vogël, e qëruar, e prerë në rrathë
6 lugë çaji sheqer, të ndara
1 vezë e madhe, të ndara
1/2 lugë çaji lëvore limoni të grirë
1/4 lugë çaji ekstrakt vanilje
1/2 lugë çaji miell për të gjitha përdorimet

## DREJTIM
Në një tigan shkrini gjalpin në zjarr mesatar. Shtoni unazat e mollës; spërkatni sipër 2 lugë çaji sheqer. Gatuani derisa të zbuten, duke e rrotulluar 1 herë. Rrihni vaniljen, lëkurën e limonit dhe të verdhën e vezës në një tas për 1 minutë. Rrihni të bardhën e vezës në një tas të veçantë derisa të formoni maja të forta; shtoni sheqerin dhe miellin e mbetur. Paloseni në përzierjen e të verdhës së vezës. Në një enë pjekjeje me 2 filxhanë të lyer lehtë me vaj, vendosni rrathët e mollës. Hidhni sipër përzierjen e vezëve duke e përhapur. E pjekim në 350° derisa të marrë një ngjyrë kafe të artë, ose për 15-18 minuta. Kthejeni në një pjatë servirje me kokë poshtë.

## INFORMACION I USHQIMIT
Kalori: 292 kalori
Natriumi: 121 mg natrium
Fibra: 3 g fibër)
Karbohidratet totale: 43 g karbohidrate (38 g sheqerna
Kolesteroli: 228 mg kolesterol

Proteina: 7 g proteina.
Yndyra totale: 11 g yndyrë (5 g yndyrë të ngopur)

## 60. Mollë Raspberry Crisp

Shërbim: 12 racione. | Përgatitja: 35 minuta | Gatim: 40 minuta Gati në:

## PËRBËRËSIT:

10 filxhanë mollë torte të qëruara në feta të holla (rreth 10 të mesme)
4 gota mjedra të freskëta
1/3 filxhan sheqer
3 lugë gjelle plus 3/4 filxhani miell për të gjitha përdorimet, të ndarë
1-1/2 filxhan tërshërë të modës së vjetër
1 filxhan sheqer kaf të paketuar
3/4 filxhan miell gruri të plotë
3/4 filxhan gjalpë të ftohtë

## DREJTIM

Në një enë të madhe vendosni mjedrat dhe mollët. Hidhni në të 3 lugë miell për të gjitha përdorimet dhe sheqerin; përzihet lehtë për tu veshur. Shtoni në një 13x9-in të lyer me yndyrë. tepsi.

Përzieni miellin e mbetur për të gjitha përdorimet, miellin e grurit, sheqerin kaf dhe tërshërën në një tas të vogël. Pure në gjalpë deri sa të thërrmohet; shpërndajeni sipër (gjella do të jetë plot).

Piqeni në 350 °, pa mbulesë, për 40-50 minuta ose derisa sipërfaqja të marrë ngjyrë kafe të artë dhe mbushja të jetë me flluska. Shërbejeni sa është e ngrohtë.

## INFORMACION I USHQIMIT

Kalori: 353 kalori
Natriumi: 89 mg natrium

Fibra: 6 g fibër)
Karbohidratet totale: 59 g karbohidrate (35 g sheqerna
Kolesteroli: 30 mg kolesterol
Proteina: 4 g proteina.
Yndyra totale: 13 g yndyrë (7 g yndyrë të ngopur)

## 61. Gjysmëhënës me arrë molle

Sercionet: 16 racione. | Përgatitja: 15 minuta | Gatuaj: 20 minuta Gati në:

**PËRBËRËSIT:**

2 pako (8 ons secila) role gjysmëhënë në frigorifer
1/4 filxhan sheqer
1 lugë kanellë të bluar
4 mollë torte mesatare, të qëruara dhe të prera në katër pjesë
1/4 filxhan arra të copëtuara
1/4 filxhan rrush të thatë, sipas dëshirës
1/4 filxhan gjalpë, i shkrirë

## DREJTIM

Përgatitni furrën duke e ngrohur paraprakisht në 375 gradë F. Shpalosni një brumë në formë gjysmëhënë dhe ndajeni në 16 trekëndësha. Përzieni kanellën dhe sheqerin; hidhni rreth 1/2 lugë çaji në çdo trekëndësh. Vendosni një çerek mollë pranë anës së shkurtër dhe rrotullojeni. Më pas vendoseni në një tavë pjekjeje 15x10x1 të lyer me yndyrë. Vendosni rrushin e thatë dhe arrat në majë të brumit nëse dëshironi. Spërkateni me gjalpë. Spërkateni me sheqerin e mbetur të kanellës. Vendoseni në furrën e nxehur më parë dhe piqini për 20-24 minuta ose derisa të marrin ngjyrë kafe të artë. Shërbejeni të nxehtë.

## INFORMACION I USHQIMIT

Kalori: 177 kalori
Natriumi: 243 mg natrium
Fibra: 1 g fibër)
Karbohidratet totale: 19 g karbohidrate (9 g sheqerna
Kolesteroli: 8 mg kolesterol

Proteina: 2 g proteina.
Yndyra totale: 10 g yndyrë (3 g yndyrë të ngopur)

## 62. Keku i shkrifët me kokrra me kajsi

Shërbim: 2 racione. | Përgatitja: 15 minuta | Gatim: 0 minuta | Gati në:

## PËRBËRËSIT:

1 filxhan mjedra të freskëta dhe/ose manaferra
1 luge sheqer
Dash arrëmyshk i bluar
1/4 filxhan reçel kajsie
1 lugë çaji gjalpë
Dash kripë
2 pandispanje individuale të rrumbullakëta
Shllak embelsire

## DREJTIM

Përzieni arrëmyshk, sheqerin dhe manaferrat në një tas të vogël; mbulesë. Lëreni në frigorifer për një orë.

Përzieni dhe ziejini kripën, gjalpin dhe reçelin në një tenxhere të vogël në zjarr të ulët derisa gjalpi të shkrihet. Pandispanja e ngrohtë në mikrovalë për 20 sekonda në temperaturë të lartë; vendoseni në pjata për servirje. Vendosni përzierjen e manave në krye; hidhni sipër salcën me kajsi. Sipër hidhni një tufë krem pana.

## INFORMACION I USHQIMIT

Kalori: 253 kalori
Karbohidratet totale: 54 g karbohidrate (32 g sheqerna
Kolesteroli: 33 mg kolesterol
Proteina: 2 g proteina.
Yndyra totale: 4 g yndyrë (2 g yndyrë të ngopur)
Natriumi: 283 mg natrium
Fibra: 4 g fibër)

## 63. Fudge gjalpë kikiriku

Shërbim: 3 paund. | Përgatitja: 20 minuta | Gatuaj: 5 minuta Gati në:

## PËRBËRËSIT:

1 lugë çaji plus 1/2 filxhan gjalpë, të ndarë
1 filxhan gjalpë kikiriku të trashë
1 pako (8 ons) djathë përpunues (Velveeta), i prerë në kubikë
1 pako (2 paund) sheqer pastiçerie
1-1/2 lugë çaji ekstrakt vanilje

## DREJTIM

Përdorni fletë metalike për të rreshtuar një tigan 13 inç x 9 inç dhe lyejeni fletën me gjalpë me 1 lugë çaji gjalpë; vendos mënjanë.

Përzieni gjalpin e mbetur, djathin dhe gjalpin e kikirikut në një tenxhere të madhe të rëndë. Gatuani dhe përzieni në zjarr mesatar derisa të shkrihet. Hiqeni nga nxehtësia. Përzieni gradualisht vaniljen dhe sheqerin e ëmbëlsirave derisa të bashkohen (përzierja do të jetë e trashë).

Shpërndani në tepsi të rreshtuar. Lëreni në frigorifer për 2 orë ose derisa të forcohet.

Hiqeni fudge nga tigani duke përdorur fletë metalike. hedh petë; Pritini fudge në katrorë 1 inç. Vendoseni në një enë hermetike për ta ruajtur në frigorifer.

## INFORMACION I USHQIMIT

Kalori: 69 kalori
Karbohidratet totale: 10 g karbohidrate (9 g sheqerna
Kolesteroli: 5 mg kolesterol
Proteina: 1 g proteina. Shkëmbimet diabetike: 1/2 niseshte

Yndyra totale: 3 g yndyrë (1 g yndyrë të ngopur)
Natriumi: 50 mg natrium
Fibra: 0 fibra)

## 64. Cheesecake e famshme Butterscotch

Shërbim: 12 racione. | Përgatitja: 30 minuta | Gatim: 01 orë 05 minuta | Gati në:

## PËRBËRËSIT:
1-1/2 filxhan grimca graham cracker
1/3 filxhan sheqer kafe të paketuar
1/3 filxhan gjalpë, i shkrirë
1 kanaçe (14 ons) qumësht i kondensuar i ëmbëlsuar
3/4 filxhan qumësht të ftohtë 2%.
1 pako (3,4 ons) përzierje e menjëhershme e pudingut me gjalpë
3 pako (8 oce secila) krem djathi, i zbutur
1 lugë çaji ekstrakt vanilje
3 vezë të mëdha, të rrahura lehtë
Krem pana dhe karamele me gjalpë të grimcuar, sipas dëshirës

## DREJTIM
Vendosni një tigan të lyer me vaj 9-inç në formë susta në një petë të rëndë me trashësi të dyfishtë (rreth 18 inç katror). Mbështilleni mirë fletë metalike rreth tepsisë. Përzieni sheqerin dhe thërrimet e krisur së bashku në një tas të vogël; përzierje në gjalpë. Shtypeni përzierjen në fund të tavës së përgatitur. Shtroni tavën në një tepsi. Piqeni 10 minuta në 325 gradë. Vendoseni në një raft teli që të ftohet.
Rrihni përzierjen e pudingut dhe qumështin në një tas të vogël, rreth 2 minuta.
Lëreni të qëndrojë derisa të zbutet, rreth 2 minuta.
Në të njëjtën kohë, rrihni kremin e djathit në një tas të madh derisa të jetë homogjen. Hidhni vaniljen dhe pudingun. Vendosni vezët dhe përzieni me shpejtësi të

ulët derisa të përzihen. Hidhni mbi kore. Vendoseni tavën në formë susta në një tavë të madhe pjekjeje; derdhni 1 inç ujë të nxehtë në një tigan më të madh.

Piqni 65-75 minuta në 325 gradë derisa pjesa e sipërme të duket e zbehtë dhe qendra të jetë pothuajse e vendosur. Hiqeni tiganin në formë burimi nga një banjë uji. Lëreni të ftohet në një raft teli për 10 minuta.

Vëreni një thikë duke ndjekur me kujdes buzën e tiganit për t'u liruar; lëreni të ftohet edhe 1 orë. Ftoheni në frigorifer gjatë natës. Nëse dëshironi, përdorni krem pana dhe karamele me gjalpë për zbukurim.

## INFORMACION I USHQIMIT
Kalori: 473 kalori
Proteina: 10 g proteina.
Yndyra totale: 30 g yndyrë (18 g yndyrë të ngopur)
Natriumi: 460 mg natrium
Fibra: 0 fibra)
Karbohidratet totale: 42 g karbohidrate (34 g sheqerna
Kolesteroli: 141 mg kolesterol

## 65. Biskota me arrat austriake

Shërbim: 10 biskota sanduiç. | Përgatitja: 30 minuta | Gatuaj: 10 minuta Gati në:

**PËRBËRËSIT:**
1 filxhan miell për të gjitha përdorimet
2/3 filxhan bajame të grira hollë
1/3 filxhan sheqer
1/2 filxhan gjalpë, i zbutur
1/4 filxhan reçel mjedër pa fara

**FROSTING:**
1 ons çokollatë pa sheqer, e shkrirë dhe e ftohur 1/3 filxhan sheqer ëmbëlsirash 2 lugë gjalpë, bajame të grira të zbutura, sipas dëshirës

## DREJTIM

Përzieni sheqerin, bajamet e grira dhe miellin në një tas; përzieni me gjalpë derisa brumi të kombinohet. Rrokullisni brumin në 1/8 inç. e trashë në sipërfaqen e miellit; prerë duke përdorur 2-in. prestar i rrumbullakët. Vendosini në tepsi të lyer me yndyrë, 1 inç. veçmas; mbulesë. I vendosim në frigorifer për 1 orë.

Zbulo; piqni në 375° derisa skajet të skuqen lehtë ose 7-10 minuta. Transferimi në raftet e telit; plotësisht i ftohtë. Përhapeni 1/2 biskota me reçel; sipër me një biskotë tjetër.

Frosting: Përzieni gjalpin, sheqerin e ëmbëlsirave dhe çokollatën; përhapur mbi biskota. Përdorni bajame të grira për të dekoruar.

## INFORMACION I USHQIMIT
Kalori: 277 kalori
Yndyra totale: 18 g yndyrë (9 g yndyrë të ngopur)

Natriumi: 92 mg natrium
Fibra: 2 g fibra)
Karbohidratet totale: 28 g karbohidrate (16 g sheqerna
Kolesteroli: 31 mg kolesterol
Proteina: 4 g proteina.

## 66. Tortë me salcë molle me banane

Shërbim: 16-20 racione. | Përgatitja: 40 minuta | Gatuaj: 25 minuta Gati në:

## PËRBËRËSIT:
1 filxhan gjalpë, i zbutur
2 gota sheqer
4 vezë të ndara
3 gota miell për të gjitha përdorimet
2 lugë çaji pluhur pjekjeje
1 filxhan qumësht
1/2 lugë çaji ekstrakt vanilje
1/2 lugë çaji ekstrakt limoni

MBUSHJA:
2 gota salcë molle të ëmbëlsuar
3 banane të forta mesatare, të prera në feta
3 lugë lëng limoni

FROSTING:
1 filxhan sheqer
2 te bardha veze
3 lugë ujë
1/2 lugë çaji krem tartar
1/4 lugë çaji kripë
1 lugë çaji ekstrakt vanilje
1/4 filxhan kokos të grirë të ëmbëlsuar, të thekur

## DREJTIM

Krem sheqerin dhe gjalpin në një tas të madh derisa të bëhet me gëzof dhe i lehtë. Rrihni në të verdhën e vezës më pas ekstraktet. Përzieni pluhurin për pjekje dhe miellin së bashku, më pas vendoseni në masën e kremuar duke alternuar me qumështin ndërkohë
duke rrahur mirë pas çdo rritjeje.

Rrihni të bardhat e vezëve në një tas të vogël për të formuar maja të buta, më pas paloseni në brumë butësisht. Transferoni në 3 tepsi të rrumbullakët 9 inç të lyer me yndyrë. Piqeni në 350 gradë derisa të bëhen testet e kekut, rreth 25 deri në 30 minuta. Lëreni të ftohet për rreth 10 minuta, më pas nxirreni nga tavat dhe vendoseni në raftet e telit që të ftohen plotësisht.

Ndani salcën e mollës dhe përhapeni në 2 shtresa keku. Hidhni bananet në lëngun e limonit dhe vendosini mbi salcën e mollës. Vendoseni në pjatën e servirjes me një shtresë të thjeshtë sipër.

Për të bërë krem, përzieni kripën, ajkën e tartarit, ujin, të bardhat e vezëve dhe sheqerin në një tenxhere të madhe të rëndë në zjarr të ulët. Rrihni duke përdorur një mikser dore me shpejtësi të ulët për rreth një minutë, pastaj vazhdoni të rrihni me shpejtësi të ulët mbi nxehtësinë e ulët për 8 deri në 10 minuta, derisa ngrirja të arrijë 160 gradë.

Transferoni në një tas të madh, më pas vendoseni në vanilje. Rrihni me shpejtësi të lartë për 7 minuta, derisa të formohen maja të forta. Fry pjesën e sipërme dhe anët e tortës, më pas përdorni kokosin për ta spërkatur. Mbajeni në frigorifer për ruajtje.

### INFORMACION I USHQIMIT
Kalori: 332 kalori
Proteina: 4 g proteina.
Yndyra totale: 11 g yndyrë (7 g yndyrë të ngopur)
Natriumi: 191 mg natrium
Fibra: 1 g fibër)
Karbohidratet totale: 55 g karbohidrate (39 g sheqerna

Kolesteroli: 69 mg kolesterol

## 67. Tortë me patate të skuqura me banane

Sercionet: 16 racione. | Përgatitja: 25 minuta | Gatim: 40 minuta Gati në:

## PËRBËRËSIT:
1 pako përzierje për kek të verdhë (madhësi e rregullt)
1-1/4 gota ujë
3 vezë të mëdha
1/2 filxhan salcë molle pa sheqer
2 banane mesatare, të grira
1 filxhan patate të skuqura çokollatë gjysmë të ëmbël në miniaturë
1/2 filxhan arra të copëtuara

## DREJTIM
Rrihni së bashku salcën e mollës, vezët, ujin dhe përzierjen e kekut në një tas të madh; përzieni përzierjen për gjysmë minutë në temperaturë të ulët. Rriteni në shpejtësi mesatare dhe përzieni për 2 minuta. Përziejini me arra, patate të skuqura dhe banane.
Përdorni llak gatimi për të spërkatur një tigan me tub 10 inç, më pas pluhurosni me miell; derdhni brumin. Piqni në 350 gradë derisa një kruese dhëmbësh të dalë e pastër kur futet në mes të tortës, ose rreth 40 deri në 50 minuta. Lëreni tortën të ftohet për 10 minuta; nxirreni nga tigani dhe vendoseni në një raft teli dhe më pas ftoheni plotësisht.

## INFORMACION I USHQIMIT
Kalori: 233 kalori
Fibra: 1 g fibër)
Karbohidratet totale: 38 g karbohidrate (24 g sheqerna
Kolesteroli: 40 mg kolesterol

Proteina: 3 g proteina.
Yndyra totale: 9 g yndyrë (4 g yndyrë të ngopur)
Natriumi: 225 mg natrium

## 68. Tortë me rrokullisje me banane

Sercionet: 16 racione. | Përgatitja: 30 minuta | Gatim: 30 minuta Gati në:

**PËRBËRËSIT:**
1 pako përzierje për kek të verdhë (madhësi e rregullt)
1 pako (3,4 ons) përzierje e menjëhershme e bananeve ose pudingut të vaniljes
1-1/2 filxhan qumësht 2%.
4 vezë

FROSTING:
1/3 filxhan miell për të gjitha përdorimet
1 filxhan qumësht 2%.
1/2 filxhan gjalpë, i zbutur
1/2 filxhan shkurtim
1 filxhan sheqer
1-1/2 lugë çaji ekstrakt vanilje
2 lugë sheqer ëmbëlsirash

**DREJTIM**
Përdorni letër të dylluar për të rreshtuar 2 tava pjekjeje 15"x10"x1" të lyera me yndyrë, më pas lyeni letrën me yndyrë dhe lëreni mënjanë.

Përziejini së bashku vezët, qumështin, përzierjen e pudingut dhe përzierjen e kekut në një tas të madh, më pas i rrahim me shpejtësi të ulët për rreth gjysmë minute. Vazhdoni të rrihni në mesatare për rreth 2 minuta.

Përhapeni brumin në tepsi të përgatitur dhe piqni në 350 gradë derisa një kruese dhëmbësh të dalë e pastër pasi të jetë futur në qendër, rreth 12 deri në 15 minuta. Lëreni të ftohet rreth 5 minuta përpara se ta përmbysni në raftet e telit për t'u ftohur plotësisht. Qëroni butësisht letrën e depiluar.

Ndërkohë, përzieni qumështin dhe miellin në një tenxhere të vogël derisa të jenë të lëmuara. Lëreni përzierjen të ziejë, më pas gatuajeni dhe përzieni derisa të trashet, rreth 2 minuta. Hiqeni nga zjarri, vendoseni në një kapak dhe lëreni të ftohet në temperaturën e dhomës.

Kremi së bashku sheqerin, ëmbëlsirën dhe gjalpin në një tas të një mikseri të rëndë derisa të bëhen me gëzof dhe të lehtë. Rrihni në vanilje. Vendoseni në përzierjen e qumështit dhe rrihni derisa të bëhet me gëzof, rreth 10 deri në 15 minuta.

Vendoseni në një dërrasë të madhe prerëse me një tortë dhe shpërndani brymë sipër. Sipër vendosni kekun e mbetur dhe spërkatni me më shumë sheqer ëmbëlsirash. Pritini tortën në feta dhe ftohni mbetjet.

## INFORMACION I USHQIMIT
Kalori: 355 kalori
Natriumi: 372 mg natrium
Fibra: 0 fibra)
Karbohidratet totale: 49 g karbohidrate (35 g sheqerna
Kolesteroli: 71 mg kolesterol
Proteina: 4 g proteina.
Yndyra totale: 16 g yndyrë (7 g yndyrë të ngopur)

## 69. Rum banane për dy

Shërbim: 2 racione. | Përgatitja: 10 minuta | Gatuaj: 10 minuta Gati në:

## PËRBËRËSIT:

1 lugë gjelle gjalpë
1/4 filxhan sheqer kafe të paketuar
Dash arrëmyshk i bluar
2 banane të forta mesatare, të përgjysmuara dhe të prera në feta
2 lugë rrush të artë
1 lugë rum
1 lugë bajame të prera në feta, të thekura
1-1/3 filxhan akullore vanilje

## DREJTIM

Shkrini gjalpin në një tigan të madh që nuk ngjit në nxehtësi mesatare-të ulët.

Përzieni sheqerin kaf dhe arrëmyshkun në përzierje derisa të përzihen.

Fikni nxehtësinë; shtoni bajamet, rrushin e thatë, rumin dhe bananet. Gatuani në zjarr mesatar, duke i trazuar lehtë, derisa bananet të jenë zbutur pak dhe të glazurat për rreth 3-4 minuta. Shërbejeni së bashku me akulloren.

## INFORMACION I USHQIMIT

Kalori: 497 kalori
Proteina: 5 g proteina.
Yndyra totale: 17 g yndyrë (10 g yndyrë të ngopur)
Natriumi: 124 mg natrium
Fibra: 4 g fibër)
Karbohidratet totale: 82 g karbohidrate (63 g sheqerna
Kolesteroli: 54 mg kolesterol

## 70. Tortë me banane të ndarë

Shërbim: 4 racione Përgatitja: 10 minuta | Gatim: 0 minuta | Gati në:

## PËRBËRËSIT:
8 feta tortë paund (1/2 inç i trashë) ose 4 pandispanje të rrumbullakëta individuale
2 banane të forta mesatare, të prera në feta 1/4 inç 4 lugë akullore vanilje 1/4 filxhan salcë çokollate

## DREJTIM
Vendosni feta keku në katër pjata individuale. Sipër i hidhni akullore dhe banane. Dekoroni me salcë çokollate.

## INFORMACION I USHQIMIT
Kalorité:
Natriumi:
Fibra:
Karbohidratet totale:
Kolesteroli:
Proteina:
Yndyra totale:

## 71. Berry Blue Pops

Shërbyer: 18 pops. | Përgatitja: 25 minuta | Gatim: 0 minuta | Gati në:

## PËRBËRËSIT:
6 lugë xhelatinë blu kokrra të kuqe
1 filxhan sheqer, i ndarë
2 gota ujë të vluar, të ndara
2 gota ujë të ftohtë, të ndarë
6 lugë xhelatinë luleshtrydhe
18 kallëpe për ngrirje ose 18 gota letre (3 ons secila) dhe shkopinj prej druri

## DREJTIM
Shkrini 1/2 filxhan sheqer dhe pluhur xhelatinë blu në 1 filxhan ujë të vluar në një tas të vogël. Përzieni 1 gotë ujë të ftohtë. Shkrini sheqerin e mbetur dhe pluhurin e xhelatinës së luleshtrydheve në ujë të vluar në një tas tjetër. Përzieni ujin e ftohtë të mbetur në.

Përzieni 1/2 përzierje xhelatine me luleshtrydhe dhe 1/2 përzierje xhelatine blu kokrra të kuqe në një tas të vogël. I vendosim te gjitha ne ngrirje derisa te behet i llogosur ose per 1 3/4-2 ore. Rrotulloni 3 ngjyra sipas dëshirës në një tas të madh. Mbushni çdo filxhan/kallëp me 1/4 filxhani përzierje xhelatine. Vendosni mbajtëset në krye. Për gota (nëse përdoren), sipër me fletë metalike dhe më pas futini shkopinj nëpër fletë metalike. Ngrijeni derisa të forcohet.

## INFORMACION I USHQIMIT
Kalori: 77 kalori
Natriumi: 21 mg natrium
Fibra: 0 fibra)

Karbohidratet totale: 19 g karbohidrate (19 g sheqerna
Kolesteroli: 0 kolesterol
Proteina: 1 g proteina. Shkëmbimet diabetike: 1 niseshte.
Yndyra totale: 0 yndyrë (0 yndyrë e ngopur)

## 72. Sherbeti i qershisë së zezë

Shërbim: 2-1/2 litra. | Përgatitja: 25 minuta | Gatuaj: 20 minuta Gati në:

## PËRBËRËSIT:

4 gota qershi të ëmbla të errëta, të freskëta ose të ngrira, të shkrira
1 filxhan sheqer
2 litra sodë vishnje e zezë, e ftohtë
1 kanaçe (14 ons) qumësht i kondensuar i ëmbëlsuar
1 filxhan (6 ons) patate të skuqura çokollatë gjysmë të ëmbla

## DREJTIM

Në një tenxhere të madhe, ziejini qershitë dhe sheqerin në zjarr mesatar derisa të trashen pak për rreth 15 minuta, i përzieni herë pas here. Shtoni në një tas të madh; lëreni të ftohet në temperaturën e dhomës. Lëreni në frigorifer derisa të ftohet.

Përzieni sodën, qumështin dhe copat e çokollatës në përzierje. Mbushni përzierjen në cilindrin e ngrirësit të akullores derisa të mbushet dy të tretat; ngrini duke ndjekur udhëzimet e prodhuesit. (Ftojeni pjesën tjetër të përzierjes derisa të jetë gati për të ngrirë.) Shtoni akulloren në enë ngrirëse, lëreni hapësirën për t'u zgjeruar. Ngrijeni derisa të forcohet për 2-4 orë. Përsëriteni procesin me pjesën tjetër të përzierjes së akullores.

## INFORMACION I USHQIMIT

Kalori: 213 kalori
Fibra: 1 g fibër)
Karbohidratet totale: 43 g karbohidrate (41 g sheqerna

Kolesteroli: 7 mg kolesterol
Proteina: 2 g proteina.
Yndyra totale: 5 g yndyrë (3 g yndyrë të ngopur)
Natriumi: 39 mg natrium

## 73. Ëmbëlsira pandispanje me majë Blackberry

Shërbim: 6 racione. | Përgatitja: 10 minuta | Gatuaj: 15 minuta Gati në:

## PËRBËRËSIT:

6 pandispanje individuale të rrumbullakëta
4 gota manaferra të freskëta
1/4 filxhan raki manaferre
1-1/4 lugë çaji sheqer
Krem pana, sipas dëshirës

## DREJTIM

Vendosni pandispanjat në pjata për servirje. Sipër vendosni tre manaferra. Përzieni pjesën e mbetur të manaferrave duke përdorur një përpunues ushqimi; përzieni derisa të kthehet në një pure. Filtrojeni për të hequr tulin dhe farat. Hidheni purenë në një tenxhere të vogël. Përziejini me sheqer dhe rakinë duke e trazuar. Lëreni të ziejë dhe vazhdoni zierjen derisa gjysma e lëngut të avullojë, duke e përzier periodikisht. Hidheni mbi manaferrat. Përdorni krem pana si majë nëse preferoni.

# PIJE

## 74. Moonshine me byrek me mollë

## PËRBËRËSIT:

- ½ gallon musht molle
- ½ gallon lëng molle
- 1 litër Everclear
- 1 filxhan sheqer kaf
- 1 filxhan sheqer të bardhë
- 1 filxhan vanilje
- Shkopinj kanelle
- dash arrëmyshk
- Erëza e byrekut me mollë

## UDHËZIME:

a) Kombinoni lëngun e mollës, mushtin e mollës, sheqerin e bardhë, sheqerin kaf, shkopinjtë e kanellës, arrëmyshkun, vaniljen dhe erën e byrekut me mollë në një tenxhere të madhe; të sjellë pothuajse një valë.
b) Mbulojeni tenxheren me kapak, ulni zjarrin dhe ziejini për rreth 1 orë.
c) Hiqeni nga zjarri dhe ftoheni plotësisht.
d) Shtoni Everclear në shurupin e mollës; hiqni shkopinjtë e kanellës.
e) Hidheni moonshine byreku me mollë në kavanoza ose shishe qelqi të pastër.
f) Ruajeni në frigorifer.

## 75. Veza e lindjes së diellit

## PËRBËRËSIT:
- 1 litër vezë Stewart's Egg
- Konjak 3-ons
- 1½ ons rum
- 1½ ons krem me kakao

## UDHËZIME:
a) Kombinoni të gjithë përbërësit.
b) Përziejini mirë.
c) Ftoheni nëse dëshironi

## 76. Fruta Cor dial

## PËRBËRËSIT:

- 3 paund Fruta
- 2 ½ paund Sheqer
- Xhin, vodka ose raki

## UDHËZIME:

a) Vendosni frutat në një kavanoz 1 gallon me sheqer dhe shtoni xhin, vodka ose raki.
b) Mbulojeni dhe lëreni mënjanë.
c) Çdo ditë, kthehu 2 ose 3 herë. Mos shkundni. Përsëriteni derisa sheqeri të tretet.
d) Mirë në rreth 2 muaj.

## 77. Verë rrushi

## PËRBËRËSIT:
- Rrushi
- Sheqeri
- Uji

## UDHËZIME:
### METODA 1
a) Lani dhe rrjedhin rrushin
b) Pureeni me një matës patate në një tigan dhe hidheni në një tenxhere të pastër.
c) Shpërndani sheqerin në një sasi të vogël uji të nxehtë. Shtoni në rrush.
d) Lëreni të qëndrojë për 5 ose 6 ditë ose 7-10 ditë, duke e kthyer tulin çdo ditë.
e) Hiqeni tulin nga sipër dhe lëreni të qëndrojë për rreth 30 ditë dhe hidheni në shishe.

### METODA 2
a) Merrni tulin dhe shtoni ujë dhe sheqer në të. Lëreni të qëndrojë sërish për 5-10 ditë.
b) Shtrydheni tulin dhe lëreni të qëndrojë për 30 ditë dhe shishe.

## 78. Kahlua

## PËRBËRËSIT:
- 3 gota sheqer të bardhë
- 1 filxhan sheqer kaf
- 2 gota ujë
- 2 ons kafe të çastit
- 1 fasule vanilje
- 1-litër vodka (Ne përdorim 90-provë)

## UDHËZIME:
a) Sillni 2 gota ujë në një valë të lehtë/të butë.
b) Përzieni kafenë e menjëhershme.
c) Përziejini sheqernat derisa të treten. Lëreni mënjanë të ftohet.
d) Në një shishe ½ gallon ose (1¾ litra) të errët uiski, derdhni vodkën.
e) Pritini fasulet e vaniljes në shirita 1 inç dhe vendosini në shishe.
f) Mbushni me përzierjen e ftohur,
g) Kthejeni shishen për përzierje.
h) Ruani në një vend të errët për 1 muaj
i) Shënim: kokrra e vaniljes tretet plotësisht në fund të muajit (periudha e pjekjes). Mund të merrni fasulet e vaniljes në disa dyqane ushqimore, por ne kemi gjetur se ato janë shumë më të lira në dyqanet e erëzave ose ushqime të tjera shëndetësore.
dyqane.

# 79. Kahlua me kafe Yuban

## PËRBËRËSIT:

- 1-litër ujë
- 3 gota sheqer
- 10 lugë kafeje të menjëhershme Yuban (pa markë tjetër)
- 3 lugë çaji ekstrakt të pastër vanilje
- 3 gota vodka (90 prova)

## UDHËZIME:

a) Ziejini ujin, sheqerin dhe kafenë në një tenxhere të pambuluar për 1 orë.
b) Ftoheni në temperaturën e dhomës dhe shtoni ekstrakt vanilje dhe
Vodka.

## 80. Kahlua me ekstrakt vanilje

## PËRBËRËSIT:

- 1 litër ujë (4 gota)
- 3 gota sheqer
- 10 lugë kafe të çastit
- 9 lugë çaji ekstrakt vanilje
- 3 gota vodka

## UDHËZIME:

a) Vërini ujin, sheqerin dhe kafenë të vlojnë dhe ziejini për 3 orë.

b) Ftoheni dhe shtoni vaniljen dhe vodkën

## turshi, konservon dhe shijon

# 81. Turshi 48 ore

## PËRBËRËSIT:
- 1 ¾ litër ujë
- 1½ filxhan uthull
- ⅓ filxhan kripë
- ½ filxhan sheqer
- 7-10 kastraveca, të prera në katër pjesë
- kopër për shije
- hudhër për shije

## UDHËZIME:
a) Zieni ujin, uthullën, kripën dhe sheqerin së bashku. I ftohtë.
b) Hidhni shëllirë të ftohur mbi kastravecat;
c) Shtoni hudhrën dhe koprën për shije.
d) Lëreni në frigorifer për 1 javë për të marrë aromën.

## 82. Trangujve Bukë Dhe Gjalpë

## PËRBËRËSIT:

- 4 litra ëmbëlsira të prera në feta
- 1 litër qepë të prera në feta
- 4 gota sheqer të bardhë
- 1-litër uthull/musht (prerë në litra)
- 1 litër ujë (prerë në litra)
- 1 lugë gjelle kripë
- 1 lugë shafran i Indisë
- 2 lugë farë mustarde

## UDHËZIME:

a) Përziejini gjithçka dhe vini ngadalë në një valë.
b) Gatuani për 10 minuta.
c) Paketoni menjëherë në kavanoza të sterilizuara të nxehta dhe mbylleni.

## 83. Turshi buke dhe gjalpi

## PËRBËRËSIT:

- 4 litra ëmbëlsira të prera në feta (të hollë)
- 1 litër qepë të prera në feta
- 4 gota sheqer të bardhë
- 1-litër uthull/musht
- 1-litër ujë
- 1 lugë gjelle kripë
- 1 lugë shafran i Indisë
- 2 lugë farë mustarde

## UDHËZIME:

a) Përziejini të gjitha dhe ngadalë lërini të ziejnë.
b) Gatuani për 10 minuta.
c) Paketoni menjëherë në kavanoza të sterilizuara të nxehta dhe mbylleni.

## 84. Turshi lulelakrash

## PËRBËRËSIT:

- 2 lulelakër të mëdha
- 12 qepë të mesme
- ¼ filxhan kripë
- ¾ filxhan sheqer
- 1 lugë çaji shafran i Indisë i bluar
- 2 lugë çaji kokrra të plota mustardë
- 1 lugë çaji farë selino
- 1 piper i vogël i kuq i thatë
- ½ lugë çaji karafil të plotë
- 1½ filxhan uthull të bardhë
- 1½ gote uje

## UDHËZIME:

a) Kombinoni lulelakrën me qepët e prera me kripë dhe lëreni të qëndrojë gjatë gjithë natës.
b) Të nesërmen shpëlajeni me ujë të ftohtë.
c) Kombinoni erëzat, uthullën dhe ujin në një kazan.
d) Shtoni karafil të lidhur në një qese napë. Ziejini për 5 minuta.
e) Shtoni lulelakrën dhe qepët dhe ziejini për 10 minuta, hiqni karafilin dhe piperin e kuq.
f) Paketoni në kavanoza të nxehtë.

## 85. Turshi të lehta të koprës

## PËRBËRËSIT:
- ¾ filxhan sheqer
- ½ filxhan kripë
- 1-litër uthull
- 1-litër ujë
- 3 lugë gjelle erëza të përziera turshi
- 30-40 kastraveca të prera përgjysmë për së gjati
- Kopër e gjelbër ose e thatë

## UDHËZIME:
a) Lani dhe thajeni kastravecin.
b) Kombinoni ujin, uthullën, kripën dhe sheqerin në një tenxhere të mesme.
c) Lëreni të vlojë dhe rrotullojeni që sheqeri dhe kripa të treten.
d) Hiqeni nga zjarri dhe ftoheni në temperaturën e dhomës.
e) Shtoni kastravecat në kavanoza. Mos i paketoni shumë fort pasi do të dëshironi hapësirë për shëllirë.
f) Shtoni koprën e freskët dhe erëzat e përziera turshi.
g) Përfundoni duke shtuar shëllirë të mjaftueshme për të mbuluar kastravecat. Mbylleni me kapak hermetik dhe ruajeni në frigorifer për të paktën një javë.

## 86. Konserva e rrushit

## PËRBËRËSIT:
- 3 paund rrush
- 3 paund Sheqer
- 1 kile rrush i thatë me fara
- 3 portokall
- ½ kile mish arre, të copëtuar

## UDHËZIME:
a) Ndani lëkurat e rrushit nga tuli. Ziejeni tulin për rreth 10 minuta dhe më pas kullojeni për të hequr farat përpara se ta kombinoni me lëkurat.
b) Hidhni rrushin e thatë dhe portokallet në një copëz ushqimi. Shtoni në rrush.
c) Shtoni sheqerin dhe gatuajeni ngadalë për rreth 45 minuta, duke e përzier shpesh.
d) Shtoni arra fillimisht para mbylljes. Hidheni në kavanoza të vogla dhe mbylleni.

## 87. Turshi akulli

Bën: rreth 6 pintë

## PËRBËRËSIT:
- 3 paund kastraveca 4 inç, të prera në 8 inç për së gjati
- 6 qepë të vogla, të prera në katër pjesë
- Gjashtë copa selino 5 inç
- 1 lugë gjelle farë mustarde
- 1 litër uthull të bardhë të distiluar
- ¼ filxhan kripë
- 2½ gota sheqer të grimcuar
- 1 gotë ujë

## UDHËZIME:
a) Lani, prisni kastravecat dhe futini në ujë me akull për 3 orë.
b) Kullojeni dhe paketoni në kavanoza të pastra.
c) Shtoni 1 qepë, 1 copë selino dhe ½ lugë çaji kokërr mustardë në çdo kavanoz.
d) Bashkoni uthullën, kripën, sheqerin dhe ujin dhe lërini të ziejnë.
e) Hidhni tretësirën e sheqerit mbi kastravecat dhe mbushni kavanozët në ½ inç nga lart.
f) Rregulloni menjëherë kapakët dhe përpunoni në një banjë me ujë të vluar për 10 minuta.

## 88. Piper Relish

**PËRBËRËSIT:**
- 12 speca të kuq
- 12 speca jeshil
- 8 qepë të mëdha

**UDHËZIME:**

a) Pritini, derdhni ujë të vluar dhe lëreni të qëndrojë për 15 minuta.

b) Kullojeni dhe shtoni 1 tab. Kripë, 1 filxhan sheqer, 2 gota uthull

c) Ziejeni për rreth 15 minuta dhe hidheni në shishe.

# 89. Panxhar turshi

## PËRBËRËSIT:
- 8 panxhar të vegjël
- 1 filxhan uthull musht
- 1 lugë çaji kripë
- ¼ filxhan sheqer
- 5 kokrra piper
- 1 lugë çaji erëz turshi
- 1 gjethe dafine, trap i freskët

## UDHËZIME:
a) Gatuani panxharin paksa të fortë.
b) Kullojeni duke rezervuar 1 filxhan lëng.
c) Mbushni një kavanoz në rreth ¼ inç nga lart
d) Përzieni lëngun e panxharit me pjesën tjetër të lëngut dhe erëzave dhe lëreni të vlojë, mbushni kavanozin dhe përpunoni për 10 minuta.

## 90. Konserva e ravenit

## PËRBËRËSIT:
- 3½ paund raven
- 3 kilogramë sheqer
- ½ rrush i thatë
- 1 filxhan arra
- 3 limonë (lëng)
- lëkura e 3 portokalleve

## UDHËZIME:
a) Gatuani lëkurën e portokallit, ravenit dhe sheqerit për 2 orë.
b) Shtoni pjesën tjetër të përbërësve dhe gatuajeni për 1 orë.

## 91. Rhubarb Relish

## PËRBËRËSIT:

- 4 gota raven të prerë në kubikë
- 2 gota qepe te grira holle
- 2 gota uthull të butë
- 3 gota sheqer kaf
- 1 lugë çaji kripë
- 1 lugë çaji kanellë
- ½ lugë çaji karafil (i bluar)
- ½ lugë çaji xhenxhefil i bluar
- Piper i kuq

## UDHËZIME:

a) Në një tenxhere të madhe, bashkoni të gjithë përbërësit. Lëreni të vlojë.

b) Ulni nxehtësinë dhe ziejini derisa masa të trashet, rreth 2 orë, duke e përzier herë pas here.

c) Mbushni të gjitha kontejnerët brenda ½ inç. të majave. Fshini skajet e sipërme të kontejnerëve; mbulojini me kapak.

## 92. Turshi të ëmbla

## PËRBËRËSIT:
- 30 kastraveca
- 3 gota uthull
- 1 gotë ujë
- 2 gota sheqer
- 1 lugë çaji erëza të përziera

## UDHËZIME:
a) Mbulojini kastravecat në ujë të kripur gjatë natës (⅓ filxhan kripë për çdo litër ujë). Kullojeni.
b) Zieni uthullën, ujin dhe sheqerin për 10 minuta ose derisa të jetë e qartë.
c) Shtoni kastravecat dhe lërini të qëndrojnë në zjarr të ulët derisa të humbasin ngjyrën e tyre.
d) Vendosni 1 lugë çaji me erëza të përziera.

## 93. Mijë turshi ishulli

## PËRBËRËSIT:

- 1 litër turshi kastraveci të prera në feta (të prera hollë)
- 8 qepë të vogla
- 6 speca mesatarë
- 3 lugë gjelle kripë
- 4 gota sheqer të grimcuar
- 1 lugë gjelle farë selino
- 1 lugë gjelle farë mustarde
- 1 lugë gjelle pluhur shafran i Indisë
- 6 karafil të tërë

## UDHËZIME:

a) Kombinoni turshitë e kastravecit, specat dhe kripën dhe lërini të qëndrojnë për 3 orë.

b) Kullojeni dhe shtoni sheqerin, farën e selinos, farën e mustardës, shafranin e Indisë dhe karafilin.

c) Mbulojini të gjitha me uthull dhe përpunoni për 5 ose 10 minuta më pas vendosini në kavanoza.

## 94. Pure domatesh

## PËRBËRËSIT:
- 4 litra domate turshi
- 1 lugë çaji kripë konservimi
- 1 luge sheqer

## UDHËZIME:
a) Pritini domatet dhe vendosini në një tenxhere të madhe.
b) Lërini domatet të ziejnë ndërsa i shtypni me një fërshërë patate ose lugë të madhe.
c) Lërini domatet të ziejnë për 1 orë, duke i trazuar sipas nevojës në mënyrë që domatet të mos digjen ose të ngjiten në fund të tenxheres.
d) Transferoni domatet e trasuara dhe të grimcuara në një mulli ushqimor ose sitë dhe hiqni lëkurat dhe farat.
e) I kthejmë domatet në tenxhere.
f) Shtoni kripë turshi dhe sheqer.
g) Vazhdoni të gatuani domatet mbi nxehtësinë mesatare, duke i përzier shpesh, për 2 orë e gjysmë të tjera (ose derisa përzierja e domates të jetë pakësuar përgjysmë).
h) Shpërndani pastën e nxehtë të domates midis kavanozëve të nxehur, duke lënë hapësirë $\frac{1}{2}$ inç.
i) Mbyllni çdo kavanoz me kapak 2-pjesësh dhe përpunojeni në një enë me banjë uji për 45 minuta.

## 95. shëllirë

## PËRBËRËSIT:

- 3 litra uthull
- 3 litra ujë
- 1 filxhan kripë

## UDHËZIME:

a) Përziejini të gjithë përbërësit në një tenxhere mesatare.
b) Lëreni të ziejë në temperaturë të lartë, duke e përzier derisa sheqeri të tretet.
c) Hiqeni nga nxehtësia; Ftoheni për 10 minuta.

# Salca, MBUSHJE & MBUSHJE

## 96. Salcë djegës

## PËRBËRËSIT:
- 30 domate të mëdha
- 12 qepë
- 1 tufë selino
- 8 speca
- 1-litër uthull
- 3 lugë gjelle kripë
- 4 lugë gjelle erëza të përziera

## UDHËZIME:
a) Pritini imët të gjitha perimet dhe ziejini për 1 orë e gjysmë.

## 97. Mbushje me krem francez

## PËRBËRËSIT:
- $\frac{3}{4}$ filxhan krem për rrahje të rëndë
- $\frac{1}{4}$ filxhan qumësht
- $\frac{1}{4}$ filxhan sheqer ëmbëlsirash
- 1 e bardhe veze e rrahur fort
- $\frac{1}{2}$ lugë çaji ekstrakt vanilje

## UDHËZIME:
a) Përzieni kremin e trashë me qumështin dhe rrihni derisa të bëhet i fortë.
b) Hidhni në të sheqerin, të bardhën e vezës së rrahur dhe vaniljen.
c) Përziejini butësisht derisa të përfshihet i gjithë sheqeri.
d) Tub në pastë.

## 98. Krem pana me brymë

## PËRBËRËSIT:
- 3 luge miell
- ¾ filxhan qumësht
- Kremi mirë në një tas të madh:
- 6 lugë gjelle Crisco
- ¾ gota sheqer

## UDHËZIME:
a) Gatuani dhe ftohni miellin dhe qumështin.
b) Në një tas të madh, kremini mirë 6 lugë gjelle Crisco dhe ¾ gota sheqer.
c) Shtoni përzierjen e ftohur me miell dhe qumësht.
d) Rrihni derisa të bëhet me gëzof.

# 99. Gjalpë me gëzof krem

## PËRBËRËSIT:
- 5 lugë miell
- 1 filxhan qumësht
- ¼ paund gjalpë
- ½ filxhan Crisco
- 1 lugë çaji vanilje

## UDHËZIME:
a) Përziejini dhe ziejini derisa të trashet, miellin dhe 1 filxhan qumësht.
b) Kremi në një tas të madh, ¼ paund gjalpë dhe ½ filxhan Crisco.
c) Shtoni pastën e miellit në përzierjen e gjalpit dhe rrihni mirë.
d) Shtoni 1 lugë çaji vanilje.

## 100. Mbushje

## PËRBËRËSIT:

- 1 qepë e vogël
- 1 shkop selino
- vaj ulliri
- ½ kile sallam mish
- ½ filxhan mollë të copëtuara
- 2 gota thërrime buke
- ½ filxhan ujë të nxehtë ose supë
- Kripë dhe piper

## UDHËZIME:

a) Ngroheni furrën në 350°.
b) Kaurdisni në vaj ulliri qepën, selinon dhe mishin e sallamit.
c) Përziejeni shpesh derisa sapo të fillojë të marrë ngjyrë kafe, rreth 10 minuta.
d) Shtoni në tas me thërrime buke; i përziejmë me kripë dhe piper.
e) Hidhni në ujë të nxehtë ose bojoni dhe hidheni butësisht. Lëreni të ftohet.
f) Shtoni mollë në përzierjen e bukës; paloseni butësisht derisa të kombinohen plotësisht.
g) Transferoni në enë të përgatitur, mbulojeni me folie dhe piqni për rreth 40 minuta.
h) Vazhdoni të piqni dressing-un, të pambuluar, derisa të vendosen dhe sipër të jenë skuqur dhe të freskët, 40-45 minuta më gjatë.

# PËRFUNDIM

Si përfundim, gatimi jugor është një kuzhinë e pasur dhe e larmishme që ka evoluar gjatë shekujve, e ndikuar nga një sërë faktorësh kulturorë dhe historikë. Është një kuzhinë që feston përdorimin e përbërësve të freskët vendas dhe thekson rëndësinë e familjes, komunitetit dhe mikpritjes.

Gatimi jugor është një pasqyrim i historisë së rajonit, me pjata që tregojnë histori të njerëzve dhe vendeve që kanë formësuar traditat e tij të kuzhinës. Nga pula e skuqur te skarë, biskota te byreku me patate të ëmbël, kuzhina jugore është e dashur për shijet e saj ngushëlluese, shpirtërore dhe aftësinë e saj për të bashkuar njerëzit rreth tryezës.

Ndërsa gatimi jugor vazhdon të zhvillohet dhe të përshtatet me shijet dhe tendencat në ndryshim, ai mbetet një pjesë jetike e kulturës amerikane të kuzhinës, e dashur nga njerëzit në të gjithë vendin dhe në mbarë botën.

www.ingramcontent.com/pod-product-compliance
Lightning Source LLC
LaVergne TN
LVHW021942060526
838200LV00042B/1895